学习学
全脑开发与学习
王文湛 2017年9月10日

教育部基础教育司原司长、国家副总督学、中国中小学幼儿教师奖励基金会秘书长、清华
大学教授、学界泰斗王文湛教授亲切地为王华斌教授的《学习学——全脑开发与学习》题词

共青团中央、中国科学院、全国少工委联合成立
的全国"青少年走进科学世界"科普活动指导委
员会办公室、中国青少年发展服务中心与中国少
年科学院共同成立的全国青少年亲子心灵互动活
动组委会，任命作者王华斌教授为"全国青少年
亲子心灵互动活动教育大使"，在全国大力开展青
少年亲子心灵互动、情感素质和全脑学习知识普
及推广活动。图为组委会在北京向中国首位教育
大使王华斌教授颁发证书（2003.10）

作者在清华大学任教期间，积极参加各项活动，▶
图为在全校教师诗歌朗诵大会上担任领诵（中
排右起第 1 人）

◀ 作者在美国哈佛大学学习和研究

◀ 作者在北京大学作主题演讲

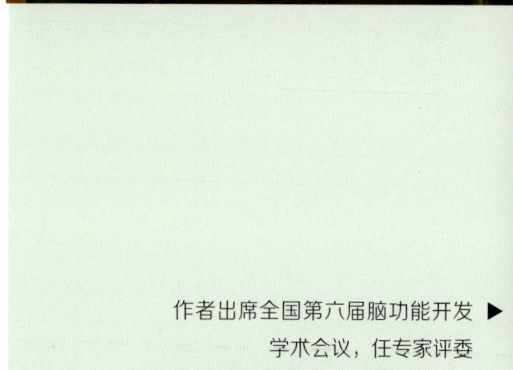

作者出席全国第六届脑功能开发 ▶
学术会议，任专家评委

◀ 作者在国家教育行政学院出席大会并作演讲

作者在中国教育电视台作专题演讲 ▶

▶ 作者应邀出席联合国儿童基金会支持主办的青少年教育大型活动,与延安五老之一谢觉哉夫人、长征百岁女红军王定国亲切交流、合影

作者与中国智慧工程研究会全脑教育委员会理事长、世界全脑开发教育大联盟李长城主席及华澳汇诚文化交流公司马华影董事长等来自全国各地的教育界精英分享、交流经验 ▶

◀ 作者的"全脑开发与学习"为国家科研课题研究成果

作者在北京八中分校为来自全国各地的 ▶
全脑学习学特训营学生进行训练,同学们
信心十足,学习热情空前高涨

▲ 作者在北大附中重庆实验学校出席会议并发表演讲

▲ 作者为全国创新名校大会代言

▲ 作者出席第二届中国教育春节联欢晚会（中央电视台七彩环球教育春晚）与第三届中国家庭教育品牌发展高峰论坛暨金百合奖颁奖盛典，并作开幕演讲

作者荣获 2017 年国际全脑教育高峰论坛 ▶
"最具影响力人物"称号

作者出版的部分《学习学——全脑开发与学习》图书和光盘 ▶

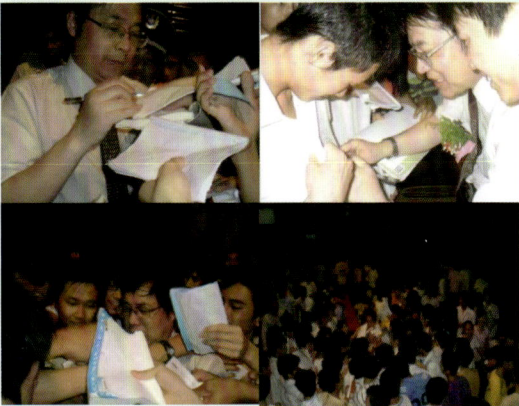

◀ 作者在"学习学——全脑开发与学习"
主题演讲后为读者签字

全国政协常委、联合国教科文组织和平艺术家、清华大学教授韩美 ▶
林题赠作者"栋梁之魂"

◀ 作者应邀出席在上海举办的大型教育活动，
并发表演讲

作者与生物学家张枫博士及一位北京小学生读者合影。作者曾在背后的北京大学百年纪念讲堂发表过 100 多场演讲 ▶

中直团委举行"三热爱"征文发奖座谈会

"三热爱"征文获奖名单

◀ 恢复高考后的大学毕业生对生活充满热爱和激情。作者文章荣获中央直属机关团委征文第一名

作者在人民大会堂浙江厅参加相关教育活动 ▶

重点图书 Key

◀ 作者《学习学——全脑开发与学习》一书出版

▲ 作者在中国管理科学研究院学术委员会教育健康研究中心成立签字仪式上，同学术委姜有为秘书长、刘轩主任，以及作者任名誉主席、首席专家的世界教育健康科技文化大联盟主席、中管院学术委教育健康研究中心杜昕主任、宗媛媛副主任等人合影

作者与教育部原副部长张天保亲切留影 ▶

▲ 作者出席中国智慧工程研究会全脑研究与教育专业委员会新闻发布会，并在世界教育联盟项目路演联展峰会做学习学报告。该发布会由中央电视台第4套国际频道播出

作者获得全脑教育高峰论坛组委会 ▶
颁发的"卓越贡献功勋奖"

◀ 作者在国际全脑教育高峰论坛上发表精彩演说

新疆第十五期全脑特训营学员合影 2008.7.15.

作者曾 30 多次前往西域边陲，在新疆地区开展 ▶
"学习学——全脑开发与学习"巡回讲座和培训，
图为与邵梅语团队的同学们合影留念

颁奖盛典

◀ 作者在衡水中学中国教师节千人教师颁奖盛典上演
讲，并为获奖教师颁奖

第十届中国管理创新大
主题：加快质量管理创新　助力企业高质量发

作者应邀出席在钓鱼台国宾馆举办的第十届中 ▶
国管理创新大会。与中央电视台东方之声主持人
陈红合影

学习的误区及对策
全脑学习学

王华斌　著

中国科学技术出版社
·北　京·

图书在版编目（CIP）数据

学习的误区及对策：全脑学习学 / 王华斌著 . -- 北
京：中国科学技术出版社，2019.8
　　ISBN 978-7-5046-8245-1

　　Ⅰ . ①学… Ⅱ . ①王… Ⅲ . ①学习方法 Ⅳ .
① G791

中国版本图书馆 CIP 数据核字 (2019) 第 053277 号

策划编辑	胡　萍	
责任编辑	李　睿	
封面设计	朱　颖	
责任校对	邓雪梅	
责任印制	李晓霖	

出　　版	中国科学技术出版社
发　　行	中国科学技术出版社有限公司发行部
地　　址	北京市海淀区中关村南大街 16 号
邮　　编	100081
发行电话	010-62173865
传　　真	010-62173081
网　　址	http://www.cspbooks.com.cn

开　　本	889 毫米 ×1194 毫米　1/16
字　　数	285 千字
印　　张	14.5
版　　次	2019 年 8 月第 1 版
印　　次	2019 年 8 月第 1 次印刷
印　　刷	北京荣泰印刷有限公司
书　　号	ISBN 978-7-5046-8245-1/G・802
定　　价	49.90 元

（凡购买本社图书，如有缺页、倒页、脱页者，本社发行部负责调换）

顾问委员会

主　任　　王华斌

副主任　　王　东　张　枫　王丛然　郭　健　王从容

委　员　　王以茂　王尔（汝）兰　王尔（汝）冰

　　　　　梁建琦　王华斌　张　枫　王　东

　　　　　张　强　郭　健　王飞飞　梁翔翔

　　　　　王子浩　王丛然　王从容

奉献与使命

新华社内蒙古分社社长　高级记者　李仁虎

人类的进步是学习的进步。学习学创始人王华斌先生，从一个孩子王一步一步成长为当代卓有成就的教育家、文学家和"学习学——全脑开发与学习"专家，正是这种进步的体现。

他先后在南开大学、清华大学、哈佛大学等国际一流高等学府接受一流大师的教导，接触世界顶尖科研成果，吸收先进的思想和理念。他前往世界屋脊雪域高原，就密宗智慧开发亲访藏传佛教高僧大德，继前人丝绸之路、麝香之路之后开创了一条智慧之路——学习之路。他集儒、释、道中智力开发的精华，与国内外大脑科学、教育学、心理学、人才学、成功学等学科融会贯通，建立了学习学的理论框架和基础，开创了学习学的先河。他的成果受到了广大群众，乃至联合国教育部门的关注；又深入研究人类的心灵世界——拓展生命高层次的内在智力，完善自我与超越自我、直达生命本质的创造性智力——这是对人类脑能开发、潜能激发的突出贡献，也是对生命智慧的升华，可以推动和促进人类的学习迈向新阶段。

他以孔子大师的生长于斯、造福于斯为榜样，心向大众，服务大众——走出高深的学术殿堂，作为知识的传播者走向公众，助海内外学习者成才，走出一条充满个性魅力和人性活力的知识英雄之路。

他在中华文化的哺育与浇灌中成长起来，自强不息，以昂扬的精神面貌和激情直面人生；他百折不挠地走自己的人生之路，揭示了平凡生命逐步升华的内在规律，他的经验在学习、考试、写作及成长等培养人才和自我成才方面具有极其重要的参考价值。他以实际行动告诉人们：只要运用适当的方略，加上坚持不懈的努力，每个生命都会精彩和成功。

边研边创边卓然

王华斌从南开大学毕业后，来到北京，在中共中央统战部工作，参与编辑了《黄炎培先生手迹图片选辑》《陈叔通先生手迹图片选辑》等图书，写作《黄炎培传》，并由中共中央统战部审核，由山东文艺出版社出版。中国传记文学学会高度评价了这本书，推荐再次出版发行。他兼任中国散文诗学会公关部主任，并担任中华全国总工会《时代》杂志特邀记者，专门前往海南采风、写作。他参加中央直属机关团委征文竞赛，获得第一名，并陆续在《学术月刊》等刊物上发表学术文章，在《人民日报》等报刊上发表散文、诗歌等文学作品。

此后，他到清华大学进一步学习、研究，并且从事教学工作，参与编写清华大学《中国革命史》教材，参与拍摄《坚守阵地》等几部电视片，从此开始系统性地探索、研究学习学，并不断加以实践。

他前往贵州茅台酒厂深入采访，下到部分见底的赤水河河床上，感受当年红军四渡赤水时的场景，连续采访怀酒厂、董酒厂、鸭溪窖酒厂、湄窖酒厂等机构的相关人员，写出报告文学《酒神正骚动》等多篇文章。在这之后，他还采访了云烟创始时期的知情人士，发表《云烟的起源及发展》一文。

他敏感地意识到，21 世纪是脑科学、生命科学的时代，美国等发达国家在这方面走在了前列。经过努力，他终于跨越太平洋来到了美国，进入哈佛大学深造。他接受了多位世界著名学术大师的教育和指导，包括诺贝尔化学奖得主李远哲教授、诺贝尔文学奖得主谢默斯教授、多元智能理论创始人加德纳教授、情商理论创始人丹尼尔博士等，深入研究、开发学习学——全脑开发与学习，写作《人才战略》一文。他深入美国贫民区了解生活在美国社会最底层的华人偷渡移民，感受他们的生活，走进他们的内心世界，撰写《潜入美国——偷渡移民大追踪》一书。

随后他婉拒了在美国工作的邀请，前往加拿大温哥华。他要把自己的研究付诸实践，在加拿大办学、教学，检验自己的成果，积累教学经验。他的学生中有小学生、初中生、高中生、大学生、研究生以及各种社会人士，年龄最小的只有几岁，年龄最大的有八十多岁。有一位从中国台湾地区移民的老太太，早年毕业于圣约翰大学，她的子孙生活在世界各地，她要学会操作电脑，与他们通信联络，最后在王华斌的帮助下如愿以偿。这位老太太的一个儿子是大企业家，执意挽留王华斌，要为他投资办一所学校，由他担任校长，但是他拒绝了，他要回国报效祖国。

21 世纪初期，他回到了日思夜想的祖国，开始系统地整理在北美撰写的大量关于学习学的文稿，并陆续公开出版发行。

时代的变迁和社会的发展，让人们再也不能固守传统的学习方式，而是要从"学会"到"会学"。

王华斌率先攻克了一系列难题，开发了"学习学——全脑开发与学习"（简称"学习学"或"全脑学习"），建立了这一崭新的学科体系。学习学被称为科学中的科学，学科中的学科，是元学习、元学科，填补了全世界关于教育与学习理论的一块空白，走在了世界的前列，具有极其重要的现实意义和应用价值，必将对人类的智力发展产生巨大的促进作用。

他运用世界前沿的大脑科学、学习与教育等科研成果和教学实践，将理论与实践相结合，应用在开发记忆、思维等方面，包括各学科的自学、速读、上课、复习、作业、写作、考试等方面，都具有很强的指导性和操作性，适合广大读者朋友，包括中小学生、家长、教师等阅读与使用。

学习学是知识经济时代全面学习的产物。这个时代，人人都需要终身学习。全脑学习助中小学生打造利器，过关斩将，决胜考场；助大学生、研究生达到"术业有专攻"；助成人及从业人员建造巍峨的知识和事业的"金字塔"；助学生家长、教育工作者更有效地辅导学生。

学习学是促进人们成才的催化剂和加速器。全脑学习的技术、方法与策略科学高效、通俗易懂、深入浅出。一经掌握，只要勇于实践，就能提高整体效果数倍甚至数十倍，使人享受读书、愉快学习，掌控生活和人生的主动权。

学习学就是充分调动左右脑中八种智力区域参与学习活动，多管齐下，发挥大脑潜能，最大限度地提高学习效率与能力。全脑学习法超越了传统的、单纯的技巧方式，在战略、战术上对大脑开发、学习实践、记忆维新、潜能激发等进行全面提高，从死读书、读死书、书读死到活读书、读活书、书读活。

学习学是由一个母系统统领全脑智能等十个子系统组成的完整学习体系。学习能力是一种综合实力的体现。任何一个人的学习能力的提高，都不是单一方面能力的提高，应该齐头并进，协调发展。只有总体水平上来了，综合实力才能上来。

学习学是一种大学习观：由知识的学习、方法技能的学习和情感态度的学习三个方面构成。学习学让学习者左右脑互动，音乐、图像等与大脑互动，学习者与知识互动，学习者与教师、家长、同学互动等。"工欲善其事，必先利其器"，磨刀不误砍柴工。学习学的主旨在于调动学习主体全部的积极因素，投入到训练人类智商的学习活动中，从而把自己从一个普通人提升成优秀的人。

亦传亦讲亦特训

王华斌立志建立一所没有围墙的超级学校。他深入民间，祖国的大江南北都留下了他的足迹。他的《全脑学习》一书，作为教育部教育规划课题科研成果，引起了多方关注，先是应邀在西单图书大厦举办大型演讲，《中国青年报》、北京电视台、北京人民广播电台等全国三十多家新闻媒体又相继进行了相关报道。广州新华书店集团铺货上万册图书，出版社社长率领特别工作组陪同王华斌前往广州，开展系列演讲活动，巨大的图书造型矗立在广州市新华书店门口。他在广州陆续进行了多场大型的演讲、报告，为广大读者签名售书。深圳图书馆得到消息之后，热情邀请他前往深圳继续进行演讲、报告。结束后，他马上赶往大亚湾核电站，为其宣传部门进行了写作专题讲座。他随后又前往香港，在香港文化中心等处进行了多场演讲。此后，他从雷州半岛跨过琼州海峡，在海南巡回演讲，开设培训课程……全脑学习形成了一股强劲的南风，吹拂着处在改革开放前沿的南国。

他北上黑龙江，在省人民广播电台做了专题节目，获得了圆满成功。他在牡丹江进行了几场大型演讲，主持人深有感触地说，他主持过数百场活动，从来没有像这次这样激动，这次碰到的是真正的高手，让他自己也学到了很多。随后他前往《林海雪原》原型中的威虎山庄，对那里的学生进行全脑学习培训。结束之后，他先后前往海林、东宁、绥芬河等地继续演讲、培训。他到沈阳演讲的时候，正赶上沈阳的一场大暴雪，道路结冰，汽车停驶，他硬是一步一步走到了演讲大厅，坚持完成了整场讲座，受到了听众的一致赞扬。有一次他在辽宁的一个大型体育场作报告，现场回音太大，对音响系统造成了很大影响，他尽量放慢语速，让观众能听清楚自己的每一句话。

他在长春教育学院作过一场十分难忘的演讲：当时他正在发烧，同时腹泻严重，但在演讲的过程中又不能离开现场去上厕所。最终，他以顽强的毅力圆满地完成了这次演讲，当场就有六所学校邀请他去讲学。接下来，更大的困难在考验着他。他要连夜赶回北京，参加第二天在北京举行的中国国际家庭教育论坛。一路上火车不停地摇晃，他腹泻的病情也没有好转，而第二天上午终于赶到北京后，他又马不停蹄地去参加这场大型国际会议。他咬牙坚持，一如既往地拿出最好的状态，一口气进行了一个多小时的演讲。现场不时爆发出热烈的掌声，他的这次演讲获得了巨大的成功，赢得了国内外同行的称赞与肯定。他被授予形象大使称号，并当场接受几家机构进行报告、举办培训的邀请。

他前往中原河南，以郑州为中心，辐射河南多个市县，深入学校开展学习学报告。他专门前往孔子当年讲学的地点，瞻仰体现历史典故的塑像，感受当年大师的心绪和情怀。他前往嵩山少林寺，上山拜谒达摩祖师面壁九年的达摩洞，他尊敬这位智者严谨治学的精神，并以此激励自己，让自己精益求精。

他出版的图书、光盘不断增加，课程也在不断丰富、升级，开发了《全脑学习助学音乐》系列光盘和磁带，同时加入了体验式教学，受到了宋庆龄基金会河南分会以及相关政府部门的肯定和支持，河南省最有影响的《大河报》进行了多次报道。

随着他的《全脑学习法》《激越——全脑学习创始人成长之路》《全脑学习风暴》等图书出版，中国教育电视台专门制作了系列专题节目，先后在上海东方卫视等十多家电视台以及新浪网等门户网站播放。之后他受到教育机构的邀请，去上海进行了多场讲座，接着前往杭州、常州、南京、厦门等地，深入基层，走进中小学作报告，应邀陆续开设了多期全脑学习特训班，收到了良好的效果。

他还一路向西讲学。在山西进行多场演讲之后，又转战陕西，掀起热潮，《华商报》还连载了他的著作。他前往青海，出席中国藏医药文化博物馆开馆典礼，参加全国藏医药学术会议，又前往西藏调研和探究高僧大德的智慧与全脑学习的关系，同时接触世界最长史诗《格萨尔王传》的说唱艺人，了解他们是怎样记住如此之长的史诗。他还到了海拔五千多米处，考察和检验全脑开发与学习研究成果如何适应高原的环境。他随后又前往新疆，到达塔克拉玛干大沙漠的腹地，以及吐鲁番盆地的火焰山地区，使全脑学习再次受到严格检验。事实证明：全脑开发与学习成果，不仅在平原、沿海地区适用，高寒、高温、高原等地区也同样适用。他先后三十多次入疆，足迹踏遍了乌鲁木齐、库尔勒、阿克苏、喀什、民丰、阿勒泰、布尔津、克拉玛依、石河子等南北疆城市，开办了近五十期全脑学习特训班，把先进的学习思想和理念传授给边疆的各族同胞。

他前往天津参加"脑科学成像图"活动，并作即兴发言。后来多次重返天津，在中小学作演讲、报告，并开办培训班。中国青少年研究中心河北记者站邀请他开展大型演讲报告,《燕赵都市报》进行了现场报道。他应邀前往石家庄市政府"市民大讲堂"作全脑学习专题报告,同河北电视台、河北省校外研究会等机构合作开展全脑学习培训项目,开办了二十八期全脑学习特训班,项目目前仍在进行之中。他在北京大学百年纪念讲堂、清华大学大礼堂等地先后作了上百场全脑学习演讲。他接受北京大学教育学院特别邀请,出席北大全国第四届素质教育与知名教研室主任会议,并作专题演讲报告,同时开办全脑学习深度特训,最终圆满地完成了教学计划,收到了预期的效果。他应邀出席国际青少年脑力锦标赛,担任专家顾问;参加青少年教育联盟大会,并任特聘专家,发表演讲。他担任全国第十三届创新名校大会代言人,中国第二届教育春节联欢晚会代言人,中国全脑教育移动互联网平台中国教育联盟名誉主席、学术委员会主席兼首席教育家,应邀出席衡水中学千人教师大会颁奖盛典,为获奖教师颁奖;出席上海金钥匙全脑教育大型活动,在山东开展巡回演讲和培训等。

除了讲学之外,他此前大部分时间都用在了学习学升级上,现在已经基本告一段落,其研究成果《学习学——全脑开发与学习》一书已出版,新一轮国内外的巡回演讲已经开始。

王华斌不遗余力地传播学习学,在国内各地及国外很多地方无偿进行演讲、报告,并且还开展特别培训,人们对他给予了热情鼓励和大力支持,全脑学习已经蔚然成风。

在他的学习、工作和生活中,到处都有挫折和挑战。就拿全脑学习的推广工作来说,常会遭遇这样或那样的严重干扰和阻力,但他坚信:有志者,事竟成。

2003 年 10 月,他欣喜地接受了全国青少年亲子心灵互动活动组委会颁发的证书。组委会由共青团中央、中国科学院、全国少工委联合成立的全国"青少年走进科学世界"科普活动指导委员会办公室、中国青少年发展服务中心及中国少年科学院共同成立,聘任王华斌为全国首位"全国青少年亲子心灵互动活动教育大使",在全国大力开展青少年亲子心灵互动、情感素质和全脑学习普及推广活动。

他热忱地传播全脑学习,经过一个又一个春夏秋冬,走过一座又一座城镇乡村,南到当年红色娘子军活跃的五指山下、万泉河边,北到威虎山庄所在地牡丹江,东到舟山群岛,西到新疆乌鲁木齐、喀什及世界屋脊的拉萨、日喀则……

现在,有些学生逃学、厌学、荒废学业,有的家长为此痛打孩子、辱骂孩子,也有学生反伤父母。此类事件层出不穷,令王华斌心痛不已。作为教育工作者,他感到责任重大。他就是从孩子成长起来的，他也是孩子的家长，他专门教育孩子、研究孩子，他了解孩子的心理和需求。他们渴望知识，更需要掌握获取知识的方法。

他为学生解决实际学习问题，为众多家庭排忧解难，当看到许许多多学习者的良好转变、许许多多学生成功考上心仪的学校，他感到由衷高兴。想想小时候他的母亲鼓励他做个有用的人、助人为乐的人，他觉得自己真正实现了母亲的愿望，甚感欣慰。

21世纪是全脑学习的世纪，每个学习者都应该是全脑学习者。孩子是家庭的期待与未来，多帮助一个孩子，就是多帮助一个家庭。家有万贯，不如一技在身。此"技"指的是生活的技能，更是获取知识、适应社会和时代的技能。他的一系列大型讲座、报告，全都是为了传授这些技能而开展的，并且不收取任何费用，永久向国内外公众免费。

他期待着通过自己的努力，帮助孩子们成长、进步，为国家培养更多人才，为世界的和平与发展尽一份心力。"穷则独善其身，达则兼济天下"，博大精深的中华文化对于他的影响根深蒂固。

他经常遇到有人问自己："为什么要放弃在国外的生活，回国又走出学术殿堂，深入民间在基层教学？"他的回答很干脆："中华优秀传统文化告诉自己，要有所为有所不为。"他从美国开始，深入调查和研究生活在社会最底层的平民，甚至包括偷渡客的现状，只为更好地服务大众，生生死死，无怨无悔，他还在乎放弃什么吗？他的生命是平凡的，平凡里多了一份忘我，自然而然地孕育了某种意义——生命就是使命——人世间每一个生命都拥有这样的共性……是啊，还有什么比坚守信念和实现理想更重要的呢？

他在没有外出讲学、工作之时，就在位于北京香山、距植物园和森林公园咫尺之遥的家中写作、思考。

那里的自然与人文环境得天独厚，无与伦比：领山水之风骚，揽天地之灵气，享日月之光华，受万物之恩泽。在那里，每一次呼吸都是咏诗咏文。站在香山看北京、看中华美好河山，别有意境。当年曹雪芹在这"不如著书黄叶村"的樱桃沟埋头写作，十年之有《石头记》，是为《红楼梦》。而今他有幸离群索居，切、磋、琢、磨他首倡和实践的全脑学习体系。

那里是太行山的余脉，山连山，使他不时联想起他出生的大别山。他属鸡，一只公鸡。公鸡天性司晨，这是与生俱来的本能，从小会，一直都会。大别山的公鸡如果有幸没被宰杀，则会在生命的尽头来临之际，强撑着来到野外，在啼鸣中老死而去，殊为凄凉、悲壮，真可谓：公鸡鸣，痴心命。每个人都是历史的过客，但意义不同。鲜花虽然短暂，但毕竟盛开、怒放过。他早已决定，如果自己有一天不能再服务大众，在他终老之时，他会将自己有用的器官无偿捐献给有需要的人们，身体捐献给医疗单位以供医学研究，救助他人，遗爱人间。这个决定和他一路走来所受的英雄崇拜情结厚植的传统，爱国主义的教育、感悟、追求，以及一向倡导遵循客观和大脑规律之自然而然的基于学习学的全脑学习，可能有着一脉相承、潜移默化的内在关联——奉献大于索取。精神追求是人的最高境界。他拥有一颗报国感恩的赤子之心，坚持彻底奉献，回归自然。

言低声厚，行高音远。王华斌在教育、文学、历史、文化、思想等领域行走无疆。他从不自满，初心不泯，一步一个脚印，始终心向前方……

目　录

第一章　误区之一　学习就是学习
对策　开发大脑金矿 1

第一节　大脑潜能 2

一、大脑概况 2

二、神经元 3

三、突触生长学说 3

四、大脑左右两半球 4

五、八种智力中心 4

第二节　脑能训练 5

一、右脑训练 5

二、脑能训练 7

三、策划学习 10

四、激活兴趣 16

五、创造性思维 18

六、综合训练 24

七、健脑益智操 25

八、单侧体操 27

九、五官健脑操 28

第二章　误区之二　博览群书　多多益善
对策　精品读书战略 30

第一节　信息爆炸与阅读 31

第二节　阅读概述 32

一、阅读的内涵 32

二、阅读的功能 32

三、阅读的分类 33

四、阅读前的准备 34

五、读物的优选 36

第三节　精读 **40**

一、精读的含义 40

二、精读的内容 41

三、浏览 42

四、截取内容 42

第四节　略读 **44**

一、略读的含义 44

二、略读的价值 45

三、如何略读 45

四、全书总结 46

第五节　速读 **47**

一、速读的含义 47

二、速读的原理 48

三、速读实践 49

四、总结 50

五、速读技术训练 50

第三章　误区之三　学习痛苦不堪
　　　　对策　方法是最好的老师 **53**

第一节　记忆 **54**

一、记忆的含义 55

二、记忆的规律 55

三、记忆的方法 57

第二节　上课 **62**

一、预习 62

二、听课 63

三、笔记 66

第四章 误区之四 以学为主
对策 学·习·用 **70**

第一节 真正的学习 **71**

一、学习的目的 71

二、学习的规律 73

三、大学习观 74

第二节 作业 **76**

一、作业的原则 76

二、解题步骤 78

三、速写 80

第五章 误区之五 自学成才
对策 三人行,必有我师 **83**

第一节 自学 **84**

一、自学的价值 84

二、培养自学能力 84

第二节 自学的局限 **88**

一、自学的局限 88

二、破解自学局限 88

第六章 误区之六 文章有章 论文无文
对策 纵横皆文章,经纬总关情 **91**

一、写作误区 92

二、超能写作 94

三、KJ 写作法 99

第七章 误区之七 考试超常发挥
对策 胜出最是平常心 **102**

第一节 迎考 **104**
一、复习计划 104
二、内容安排 104
三、复习方法 105
四、检测 106

第二节 主控考试 **107**
一、把握时间 108
二、卷面 109
三、答题攻关 109

第三节 答卷指南 **111**
一、答题对策 111
二、检查考卷 114

第八章 误区之八 知识就是力量
对策 知识·智力·能力 **116**

第一节 知识、智力、能力的内涵及相互关系 **117**

第二节 知识 **118**
一、理解知识 118
二、巩固知识 119
三、运用知识 119

第三节 智力 **120**
一、智力的特征 120
二、智力的提升 121

第四节 能力 **122**
一、基本能力 123

二、优化能力结构 124

第九章 误区之九 成功 = 99 分汗水 + 1 分灵感
对策 成功 = 学习力 + 操作力 + 创造力 **126**

第一节 学习力 **127**
一、观察力 127
二、想象力 130

第二节 操作力 **133**
一、操作力与思维力的联系 133
二、操作力的特点 134

第三节 创造力 **136**
一、信息交合法 136
二、属性列举法 137
三、ARIZ 创造法 137
四、检核表法 138
五、NM-T 形思考法 138
六、脑轰法 139

第十章 误区之十 抽象思维与形象思维
对策 全脑思维 **140**

第一节 思维方式 **141**
一、行动思维、形象思维与抽象思维 141
二、经验思维与理论思维 142
三、直觉思维与分析思维 143
四、聚合思维与发散思维 143
五、常规思维与创造性思维 144

第二节　思维潜能 144

　　一、暗示 145

　　二、挑战 146

　　三、激荡 146

　　四、动静 147

　　五、柔韧 149

　　六、灵感 150

　　七、联想 151

　　八、想象 152

第十一章　全脑五商 153

第一节　魔障之一　心商 —— 畏惧学习
　　　　魔力之一　对策 —— 胜任愉快 154

　　一、热爱 155

　　二、动机 157

　　三、兴趣 157

　　四、情感 159

　　五、双管齐下 159

第二节　魔障之二　智商 —— 自感不如他人
　　　　魔力之二　对策 —— 人人都是天才 160

第三节　魔障之三　情商 —— 自觉不是那块料
　　　　魔力之三　对策 —— "天生我才必有用" 163

　　一、表达 164

　　二、调控 165

　　三、完善 165

第四节　魔障之四　意商 —— 经受不住挫折
　　　　魔力之四　对策 —— 失败乃成功之母 166

一、什么是意志商数 166

二、意商的培养 169

第五节 魔障之五 能商 —— 自认能量达不到

　　　　魔力之五 对策 —— 潜能无限 **172**

一、大脑潜能无限 173

二、开发右脑 175

三、抓住机遇，决不放弃 176

四、不要相信命运，要相信自己 176

附录 **178**

附录一 **178**

一、学习学十大要素 178

二、全脑学习学黄金法则 179

三、全脑学习学孵化器 180

附录二 **182**

表 1 学习心理测评表 182

表 2 学习能力测评表 188

表 3 学习动机测评表 191

表 4 成就动机测评表 193

表 5 竞赛素质测评表 195

表 6 考试焦虑测评表 197

表 7 自信水准测评表 201

表 8 注意力测评表 204

表 9 创造能力测评表 206

表 10 全脑学习与传统学习的比较 207

表 11 全脑学习特训科学量化标准 209

后记 **211**

第一章 误区之一 学习就是学习
对策 开发大脑金矿

传统意义上的学习，就是跟着教师、按照学校的安排以及教育部门的教学大纲，按部就班地被动接受知识。这是传统意义上的接受式学习，大多数学生都按照这样的方式在学习。

然而，我们应该有一种大学习观，明白学习是对大脑的开发、潜能的激发，是全面改善人的大脑思维，提高整体素质的一种实践活动。如果仅仅是跟随着老师被动地接受，则永远只能是一个消极的学习者，不可能成为有所作为、成功的学生，更不要说成为杰出的人才。

第一节　大脑潜能

要想学习好，我们就要充分地使用自己的大脑。所有的学习活动都是由大脑指挥、进行和实现的。要想学得好、学得快、学得更有效，就要首先了解自己的大脑，要知己知彼。知己是指对自身情况，尤其是大脑情况有所了解，知彼则是指了解所要学习的知识内容。英国著名教育家、心理学家托尼·巴赞指出："你首先要了解大脑是什么样的，才能去使用你的大脑。你要做的第一件事就是弄清大脑的构造，然后是它如何工作、如何记忆、如何集中注意力、如何进行创造性思维等。这样，你确确实实地就开始了对自身的了解和探索。"

一、大脑概况

人类拥有世界上最为精妙和最为复杂的大脑，它和宇宙太空一样奇妙无穷，只不过宇宙太空是宏观的，而人类大脑是微观的。

人类的大脑早在出生前就已经开始发育，在出生时已发育到成年人的 1/4 左右，出生后还要继续发育，详情可见表 1-1。

表 1-1　人类大脑重量和年龄的关系

年龄阶段	大脑重量（克）
胚胎 2 个月	3
胚胎 3 个月	12
胚胎 5 个月	51
胚胎 7 个月	138
胚胎 9 个月	247
新生儿	378~382
1 岁	908
3 岁	1124
5 岁	1242
10 岁	1344
16 岁（成人）	1358

大脑主要包括左、右两个大脑半球，是身体中最精密的器官，也是中枢神经系统的最高级部分。人类的大脑是在长期进化过程中发展起来的思维和意识的器官。它相当于一个葡萄柚的大小，重 1300~1400 克，平均约为 1320 克，相当于人自身体重的 2% 左右。别看大脑很小，但功能却极其惊人，比目前世界上最先进的电脑还要强大。

大脑中对我们的学习影响最大的是大脑皮层，它厚 2.5~3 毫米，把大脑包裹、覆盖起来，如果把正常成人的大脑皮层摊开来，平铺面积约为 2200 平方厘米，包含脑神经细胞约 140 亿个。

二、神经元

神经元是神经系统的基本结构和机能单位，遍布于人的全身，人身体中各种细胞源源不断地接收、传递和加工各种各样的信息，不断升高层次，最后汇总到大脑，大脑是整个身体神经活动的中枢。

神经元是大脑中最基本的信息接收与传感器，外来的信息都由神经元负责处理，被分门别类汇集在大脑的不同部位，再由大脑发出具体指令，分析、加工、处理与解决这些信息。

神经元之间的通道约 0.2 微米宽，那它们是以什么方式接触的呢？原来，神经元有许多触角，叫作突触。突触是一个神经元的冲动传到另一个神经元或传到另一个细胞间的相互接触的结构，是神经元之间在功能上发生联系的部位。突触又分为两种：树突和轴突。每个神经元上都有很多个短短的树突和一个长长的轴突。轴突的长短又有很大差异，短的仅有 1 毫米或 1 微米，长的可以达到 1 米以上。

三、突触生长学说

突触会随着学习、训练等良性刺激变得越来越多，神经元之间的连接点也就越来越多。同样的信号重复刺激某一神经通道，让神经元之间的突触不断地生长出来，传输效率与能力都会获得提高，由此形成了记忆效果，记忆的出现表明了新的突触的出现。这种学说是由澳大利亚神经学家艾克尔斯提出的，在国际上被命名为"突触生长学说"。艾克尔斯也因此获得诺贝尔奖。

人类的思维是一个极其复杂的过程，大脑细胞不断地接收各种各样的刺激，其功能会随之不断加强。可以说，坚持思考就是保养和开发大脑的最佳方法，因此我们要养成善于思考的习惯，提高思维能力，让大脑始终保持良好运行状态。当我们理解了大脑的工作模式，就会自觉地增加对大脑的各种刺激，发掘出大脑无穷的潜力。

四、大脑左右两半球

人类的大脑包括左、右两个半球，两个半球拥有不同的功能（图 1-1）。

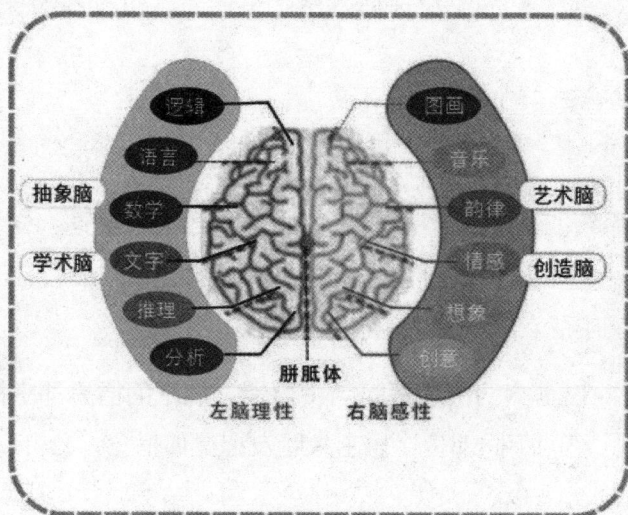

图 1-1　左、右脑功能图

传统意义上的学习大多使用左脑，但右脑更是具有无限的潜力。如果充分地开发右脑，就可以更好地挖掘大脑潜能。爱因斯坦说："我思考问题时，不是用语言进行思考，而是用活动的跳跃的形象进行思考。"爱因斯坦是典型的全脑型人才，他这里说的是自己使用右脑进行思维活动的情况。他在自传中明确指出：我思考天体物理问题，总是用形象来思考，然后将形象再用语言表述出来。

五、八种智力中心

哈佛大学心理学教授霍华德·加德纳用数十年时间研究大脑对教育和学习的影响，他提出人类大脑中至少具有八个智力中心（或区域）的理论，在国际上引起强烈反响。加德纳教授的研究认为：每个人大脑中都至少具有八种不同类型的智力，其中语言和数学逻辑智力已经在传统的教育中发挥了作用，其他的类型作用还没有充分发挥出来。

这八种不同的智力分别为：

（1）语言智力。阅读、书写与用语言进行交流的能力。

（2）数学逻辑智力。包括数学运算与逻辑思考的能力。

世界上几乎所有的学校教育都是针对这两种智力开展的，智力测试也是依据这两种智力设计的，这在一定程度上局限了人们发挥大脑多种功能的机会。

（3）音乐智力。每个人都具有音乐智力，只不过从事音乐事业的人发挥得比较显著。

（4）视觉空间智力。这类智力在建筑师、雕塑家、画家、艺术家身上表现得比较明显。

（5）运动和身体智力。这在运动员、舞蹈家等身上有较强的表现。

（6）人际智力。指能够有效地理解别人及其关系、与人交往的能力。人际智力高的人，组织协调能力、协商能力、察觉他人情感能力及团体合作能力都会很强。

（7）内省智力。指了解自身的能力。它可以使人们正确认识自己的长处和短处，能够从各种反馈中了解自己的优劣。这种智力在优秀的政治家、哲学家、心理学家、教师等身上都有所表现。

（8）自然探索智力。指的是认识动、植物和其他自然环境的能力。自然探索智力强的人，在打猎、耕作、生物科学上的表现较为突出，如达尔文。

第二节　脑能训练

我们可以通过很多有效的办法来训练自己的脑能，让大脑更灵活，思维更敏捷。

人们习惯于使用左脑，而忽视了右脑的开发，基于此，我们这里说的对全脑进行训练，主要是训练开发右脑。下面我们将分若干方面加以介绍。

一、右脑训练

日常生活中，我们难免会把人的学习同传统应试教育、填鸭式教育以及死记硬背方式画上等号，这使大部分人都荒废了右脑，同时左脑越用越灵活。如果我们能够充分地运用左脑和右脑，把原本荒废的部分加以利用，则会产生意想不到的效果。就大部分天才来说，他们能够有效地使用大脑，取得杰出的成就，是因为他们能够充分协调、合理地使用左、右脑。

大脑同记忆具有非常密切的关系，记忆有六个层次（图 1-2）。

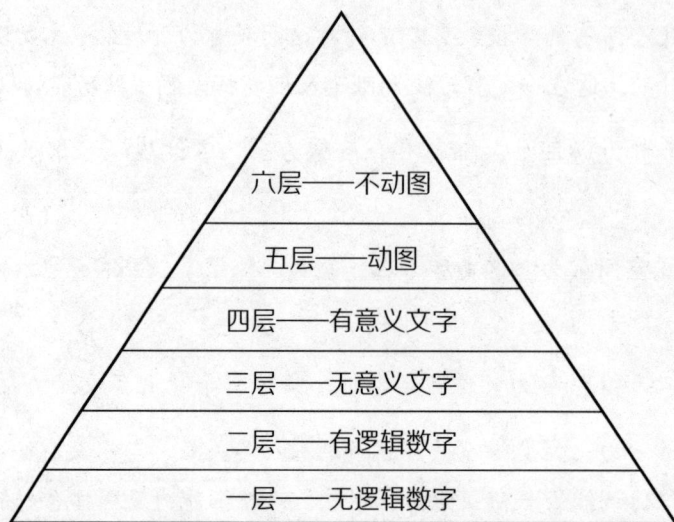

六层——不动图

五层——动图

四层——有意义文字

三层——无意义文字

二层——有逻辑数字

一层——无逻辑数字

图 1-2　记忆的六层次图

我们从上面的六层次图中不难发现，最易于记忆的是用右脑处理的信息，用左脑处理的信息则较难记忆。图像比文字好记忆，文字比数字好记忆，最难记忆的是一些杂乱无章的数字。

从长远来看，"左脑人"必将会被电脑所代替。因此开发大脑潜能的重要意义在于开发右脑的功能。怎样开发右脑呢？那就是不断地让"左脑人"在观察、综合、创造能力等方面有所提高，从而成为"右脑人"。对于开发右脑来说，输入更多的信息进入右脑，刺激右脑，是最重要的手段。右脑指挥身体的左半侧，运动左半侧就是运动右脑，所以通过加强对身体左半侧不间断的、有意识的运动，可以加强对右脑的刺激与训练。

其实，在日常生活中开发右脑功能的方法有许许多多，大致可分为两大类：第一类是运用文化艺术手段，例如，听音乐、写字、画画、表演、游戏等，都是对右脑的良性刺激；第二类是加强左侧的肢体运动。例如，做体操、跳舞及进行球类运动、练习乐器等活动时，尽量多用左手、左脚、左耳、左半身，让右脑得到尽量多的良性刺激。

因此，现实生活中，有人说天生的左利手，也就是我们常说的"左撇子"会比右利手聪明，并不是没有道理的。

左、右脑协调是大脑使用的最高准则。我们可以通过不断地、有意识地运动和锻炼，使左右体位交叉进行活动，让肢体协调平衡发展，发挥右脑功能，左、右脑协同工作的结果，其效率是非常惊人的。

另外，人类大脑的左半球属于意识脑，而右脑属于潜意识脑。右脑具有创造、想象、记忆等发散性能力，是潜意识的承载者，而左脑具有思考、逻辑、分析、判断等能力，是意识的承载者。心理学研究表明，协调使用左右脑，还可以让意识和潜意识有机地联结在一起。

左脑会对潜意识加以干预、过滤、监控，如果让左脑的思维活动减少，就可以放松对潜意识的控制，使大脑脑波处于较为活跃的 α 脑电波状态，让潜意识在感情、直觉、形象等方面有更多的机会充分加以表现。如果人们能够左右脑协同使用，那将会达到最好的用脑状态。我们建议使用两只手轮换工作，一开始可能不太适应，但习惯是可以慢慢改变的，只要通过一个月到三个月的训练，便可以建立全新的、良好的习惯。其实，做其他事情也是如此。从刚刚开始接触到学会使用，再到习惯，通常都会经历一个艰难而漫长的过程，有时还会有一些尴尬或不顺，但只要假以时日、耐心训练，就一定会有良好的结果。

二、脑能训练

我们现在正处在脑能风暴的时代。日本科学家、发明家中松义郎著有《头脑革命》一书。20 世纪最后 10 年被联合国命名为"脑能革命的时代"，很多国家都在大脑科学方面投入了大量的人力、物力，取得了一系列重大研究成果。我国科学家舒斯云教授发现脑纹状体圆形细胞群的边缘有一群纺锤状细胞构成的新月形区域，这是有报道的人类第一次发现该结构，因此在国际上被命名为"舒氏区"。

脑能风暴对学习的影响是极其深刻而长久的。人类社会一直在不断地认识自己和认识世界中向前发展，人类的认识理论在发展，因而社会也在不断发展和飞跃。

从 20 世纪 40 年代开始，西方科学家创立了"老三论"——系统论、控制论和信息论。"老三论"让人类用系统思维方式取代了传统的逻辑思维方式。人类的思维方式由静态发展为动态，由单向因果关系发展为全方位动态相互关系，由决定论之必然性、确定性发展为决定论的随机性、非确定性。

到了 20 世纪 70 年代，西方科学家又确立了"新三论"——耗散结构论、协同论和突变论。"新三论"是对"老三论"的突破与超越,在科学与理论界产生了广泛的影响。

再到21世纪初,西方科学家发明了"超三论"——宇宙论、智能论、基因论。人类社会进入了更高的方法论的时代。关于方法论的研究,已经成为西方世界科学、哲学研究的主体。其中关于人类大脑研究的智能论,在生命科学和教育学习领域发挥了巨大作用。

1. 风暴学习法

头脑风暴实质上是一场具有深远意义的、温和的脑能革命。时代在不断地进步,科技、教育、文化等方面在飞速发展,人类的大脑在现实生活中会发挥越来越强大的作用。

我们经常能听到"风暴学习法"这个词,其实质是指一组人一起讨论,各抒己见,采用积极进攻的形式,"攻击"某个问题,使得该问题被实施同一任务的多个大脑轮番轰炸,再由主持人集思广益,使问题得到较好的解决。

风暴学习法通常有三个阶段:

(1)信息阶段,主要是提出问题。

(2)思考阶段,主要是记下参与者的所有设想。

(3)分析阶段,主要是对答案的评论、比较、选择。

整个讨论只要能闪现出一个具有价值的设想,那么就是成功的,就达到了讨论的目的。

由头脑风暴引发的风暴学习法,是一场具有深远意义的学习革命,对于各级各类学生、各行各业人士来说,都是不可忽视的新生事物和巨大力量。

风暴学习法是新型的、强力而高效的脑能开发法,如果我们经常地、有意识地使用它,就可以拥有常人和常规方法所达不到的能力。

风暴学习法的方式通常有以下两种:

(1)个体独立思考。人的大脑越用就会越灵活,如果我们持续不断地运用风暴学习法强化与锻炼自己的脑能,形成对某一特定问题或特定内容展开多渠道、多方位、多线索、多层次地思考和加以论证的习惯,不仅能使我们更加接近事物的本质,更可以积极有效地增强我们大脑的思维能力。

（2）集体共同讨论。若干人聚在一起，为了某一个课题或任务展开广泛讨论，实际上也是一种"精神会餐"的方式，大家畅所欲言，开阔思路，打破定式，触动灵感，会让人茅塞顿开、恍然大悟。

风暴学习法实际上让我们可以充分地挖掘和调动所有的积极因素，运用所有的有效手段，雷霆出击，形成一股强力的风暴。

大脑风暴会积聚强大的能量，产生强大的创造力。在这个时候允许任何的脑洞大开、任何的奇思怪想，只要它是围绕着主题展开的，优秀的构思就会在它们之中产生。人们的大脑受到思维风暴的洗礼与冲刷，会变得更加灵活和有创造性，这自然对学习和工作都有良好的影响和积极的意义。

2. 呼吸训练

呼吸训练，即运用呼吸的方式训练我们的大脑，既可以放松心情，又可以引出图像，从而达到训练大脑的目的。呼吸法最关键的地方是要能够彻底放松自己的心情，在完全放松的心态下展开训练，可以让人较为容易地见到图像。这一点看起来似乎很容易，实际上并非如此。因为人们的大脑反映客观世界的万事万物，受到的干扰很多，不易真正入静，只有真正入静了，才能潜心修炼，达到最好的效果。不过，正是因为不容易完全放松，我们才更要修炼自己，努力做到真正放松自己，进入一种境界。

很多人都有过这样的经验：很难用意识去控制，让自己的心情完全放松，甩开一切的杂念，但我们却可以用呼吸训练的方式来渐渐地放松，最终达到这种境界。我们要不断告诉自己：用呼吸控制，而不是用心来控制。

具体做法：闭上眼睛，身心完全放松。一开始应该有人辅导，由辅导员示范、带领你做，或者是跟着录音做，这样易于产生效果。此时大脑皮层中与听觉相关的部分会开始活动，诱发大脑皮质兴奋，让自己的精力聚焦在某个事物上。在我们认真聆听辅导人员的声音或录音的时候，脑波会出现与听觉相关的活动，此时的脑波会发送到全部大脑。在脑波辐射到全脑之后，便会产生叫作"右脑运动意识"的运行方式，也就是进入图像意识了，此时的大脑已经为看到图像做好了充分的准备。

要看到图像，需要有下列前提条件：

（1）大脑中必须具备看到图像的生理机能，缺乏的话则无法看到图像。通常来说，除极少数大脑有缺陷的人之外，人们都具有这种能力。

（2）坚信自己有能力看到图像，这种自信是做任何事情想要成功的关键，所以萧伯纳说："有信心的人，可以化渺小为伟大，化平庸为神奇。"自己没有信心，自然很难看到图像。

（3）运用诱导暗示的方法训练自己，步步深入，不断提高自己看到图像的能力，这是任何事情走向成功的必由之路，任何人都不能超越这个现实。

（4）在看到图像之前，先在脑海中想象自己看到图像的情形，这样比较容易诱导出真正图像的出现，达到成功看图的目的。

（5）让呼吸帮助我们放松身心，心情彻底放松下来后，图像就会比较容易地出现在大脑的"屏幕"上。因此，能否看到图像，最重要的还是取决于自己能否真正放松、入静。而能否达到这一点是因人而异的，有的人可能较为容易，而有的人则较为困难，这就要持之以恒地加以训练，有志者事竟成，只要功夫到了，一定可以达到目的。

在完全放松的状态下，可以诱发出大脑中的 α 波，同时配合冥想训练，让自己的心情完全放松，也就更容易看到图像。

三、策划学习

从策划学、成功学、人才学等方面来看，策划都是极其重要的。对于学习同样如此。

（一）策划学习的表现

什么是策划？策划就是依据现有条件，对学习与工作等进行通盘考虑，科学计划，合理安排，以达到最佳效果。

就学习而言，策划表现在如下几个方面：

（1）学习计划方面。可以分为长期计划（包括人生规划）、中期计划、短期计划与临时计划等。

（2）大脑把握规律方面。采用怎样的方法和手段进行学习，调动一切可行的积极因素，让学习更加合理、高效。

（3）大脑时间安排方面。让单位时间获得充分的效果，让总体时间有着合理的安排。

（4）大脑明确方向方面。在一定的轨道上运行，目标明确，每一步都是有意识地向着目标迈进，而不是埋头走路看不清方向，白费气力。

策划学习的目的就在于提高学习效率、增强学习效果，让学习成为伴随一生、自觉主动、科学有效的行为方式。

（二）策划时间

1. 时间安排表

时间安排表是非常重要的，如学校里的课程表。表1-2为全脑开发与特训时间表。

表1-2 全脑开发与特训时间表

早 晨	7:20 起床 7:35 早餐	
上 午	8:00 — 8:50 9:00 — 9:50 10:00 — 10:50 11:00 — 11:50	第一节课 第二节课 第三节课 第四节课
中 午	12:00 12:30	用餐 休息
下 午	14:00 — 14:50 15:00 — 15:50 16:00 — 16:50 17:00 — 17:50	第一节课 第二节课 第三节课 第四节课
傍 晚	18:00 18:30	用餐 休息
晚 上	19:00 — 19:50 20:00 — 20:50	复习实操 交流活动 复习实操 交流活动

2. 时段选择

上午：安排重要内容学习。

下午：效果相对较差，可以安排预习和复习。

晚上：完成作业和辅助性工作。

3. 定时学习

在每天的同一时段学习同一学科，充分运用生物钟的规律，让大脑在某一时段对某一学科内容形成兴奋点，引起"共振"，学习效果会更好。

4. 时间效应

时续效应——有些情况下连续学习效果好。

时隔效应——有些情况下间隔学习效果好。

时差效应——有些情况下打时间差的学习效果好。

（三）策划方法

不断总结经验，找到适合自己的方法，才能稳步前进。

1. "SMART" 原则

这里的策划就是指发现和实施正确的方法与策略，我们需要策划人生、策划事业、策划工作，同样需要策划学习。对于学习来讲，策划是一个很重要的步骤。

我们应该把寻找合适的方法与策略，作为学习中一等重要的战略手段加以认识。如果在学习中随波逐流，跟在别人后面亦步亦趋，被动接受，会使身心遭受双重压力，甚至造成熄灭兴趣、厌学弃学的不良结果。正确采用合适的学习方法和策略的，能够成倍甚至数倍地大幅提升学习效率与学习能力，还可以给人带来成功的喜悦，大大增强学习的自信心和成就感。此时，学习的主体已经由被动接受变成了主动探索，学习也会变得愉快和轻松起来，并且充满了收获的喜悦。

通俗地说，策划学习就是制订合理的学习计划。我们在制订学习计划的时候，为了让它合理、明确、有效，就要遵循"SMART"原则。

那么，"SMART"是什么意思呢？

实际上，"SMART"分别是以下五个英文单词的首字母，这五个英文单词分别为有效目标的五个条件，它们是：

Specific——具体的，即在制订计划时要具体而不空泛。

Measurable——可量化的，即在制订计划时目标要可以进行量化。

Achievable——可达到的，即计划的目标是确实能够实现的。

Result-oriented——结果导向的，即确保该计划的实施能够达到预期的结果。

Time-limited——有时间限制的，即计划的每一步都有相应的时间限制，而不是无休止的。

在"SMART"原则中最核心的两点：可量化与时间限制。

"SMART"原则是实实在在地走向目标的原则，而不是空洞的想法或异想天开。

2. 交叉原则

策划学习实际上是对大脑的合理使用进行策划。如果我们遵从交叉原则，交叉使用大脑，也会产生良好的学习效果。"交叉"主要体现在以下几个方面：

（1）左右脑交叉。让大脑中八个智力区域轮换交替工作，转换不同的思维模式，这样能更好地运用大脑，从而带来更好的学习效果。

（2）劳逸交叉。有劳有逸、劳逸结合永远是使用大脑和身体的准则。

（3）学用交叉。学习是为了更好地运用，学用结合不仅锻炼大脑，更能锻炼学习能力。

（4）学科交叉。在不同学科的知识内容之间转换，避免单一的知识带来单调和压抑的感觉。

（5）读写计算交叉。在不同的学习行为之间转换，有效地发挥大脑中各个部位不同的作用，抑制疲劳的发生。

（6）难易交叉。知识自身是有难易之分的。如果我们长时间集中于容易之处，没有挑战性，就没有兴奋点的刺激，效果不会好。反过来，如果长时间攻克难关，心理压力较大，会带来疲惫感，并且对自信心有很大的负面影响。所以要在两者之间寻找平衡点，难易交替。

交叉的主要作用通常体现在以下几点：

（1）它可以让我们开阔思路。人人都有自己的思维习惯和模式，并且遵循着这种习惯和模式去运作。这一点既是优势，可以保持与发挥；同时又是一种劣势，也就是我们常说的"思维定式"。如果我们能够突破思维定式，换个角度，换种方法，那么在生活、事业、学习中，都会有不同的感受和收获。

（2）如果长时间内只有单一信息刺激大脑，会产生厌恶情绪。这是因为大脑长时间集中于某一点或某个层面时，极易产生疲劳、压力和负担，进而产生消极情绪。因此，应该定时分散注视点、焦点，尽量避免这种情况的发生。

学校会给学生制订合理的课程表，因为校方要充分地考虑课程安排的科学性。课程的安排通常是交叉进行的，目的就在于让学生合理有效地使用大脑。但在课外时间中，例如早晨、晚上、双休日以及节假日，也应该注意交叉学习和使用大脑。交叉法是人们普遍使用的一种用脑方式，对于学习来讲，一般来说就是不同学科的交叉，也可以安排读书同作业交叉、文科同理科交叉、用功与休闲交叉等方式。

下面是一个合理地交叉安排晚上时间的范例：

（1）第一步，学生从学校回家，这时如果有空闲，可以打开收音机让音乐帮助自己走入学习王国，先复习和回忆当天学过的知识材料。这就是温习的阶段。

（2）第二步，吃完晚饭后，可以开始做当天的练习，这时让文理交叉，或根据功课的难易以及自己的喜好等安排先后顺序，一门一门解决，可以一边做一边检查，也可以做完以后总体检查。

（3）第三步，功课做完之后，自由活动15~30分钟时间，可以看电视、做游戏、练体操、洗澡、阅读课外读物，有条件的话甚至可以游泳、健身。

（4）第四步，放松过后继续坐下来学习，这时可以进行复习，复习的内容以教材、讲义以及辅助材料为主，生疏的地方多花些时间和精力，熟悉的内容可以以"过电影"的方式快速复习。

（5）第五步，接着是预习，主要是预习第二天以及以后将要学习的内容，不懂的地方，可以先做上记号，在第二天听老师讲课时注意加以解决。

（6）第六步，以上内容完成之后、休息之前，可以做一些自己感兴趣的事，比如思考一些难题、重大问题，进行一些专题研究。

3. 位移原则

如果长时间专注于某一项任务，不免会感到单调、枯燥，所以不妨采用"见异思迁"的办法，"挪挪窝"，寻求新鲜刺激的感觉。这符合人的心理和生理规律，尤其是能让人的大脑皮层不同区域的细胞共同参与，从而促进细胞间的信息传递。大脑中央司令部指挥与控制身体的一举一动、一言一行，所以不要把"位移"简单地看作形态的改变，而要看到内在与外在的协调与互动。

如果长时间在一个环境中学习，同样容易产生疲劳。如果换一下位置，或换换环境，就会产生新鲜感，达到放松的目的。日本一位教育家提出，平时可以经常换换书桌的位置；而美国人更是喜欢换环境，他们天生好像就是"猎奇"者，总想到新鲜的地方去看看，以满足好奇心，这种好奇往往会成为上进的动力。我们在日常的学习中只要简单地换换环境，就可以缓解情绪，恢复体力，消除厌倦感，这样对学习不无益处。

所以，在策划学习时，我们也要遵循"位移原则"，避免长时间的学习带来的过度紧张和疲劳。

4. 时间安排

合理计划、科学安排同样应该作为我们对大脑使用和开发的原则，策划学习，就要策划出合理的作息和学习时间表。

学生在学校里有统一的课程表，工作人员在工作场所有相应的工作日程，人们在这样特定的时间和空间中，只能被动接受，无法做太多的自我调节。不过，我们可以在业余时间里把握自己，合理地使用和锻炼大脑。比如在每天的课余时间进行如下安排：

（1）晨练。俗话说："一年之计在于春，一日之计在于晨。"有一顿丰盛的"早餐"，这一整天都会干劲十足。因为大脑在早晨起床后没有任何的干扰和前抑制（之前学习过的材料对保持和回忆以后学习材料的干扰作用），如同一张白纸，上面有充足的空间可以书写最新最美的文字、绘制最新最美的图画。早起后用一刻钟时间锻炼身体，然后进入学习状态，这时大脑的记忆能力最强，因而学习效果最好。

我们的实践发现，上午读书学习的效果较好，下午运动、活动的效果较好。

（2）课间休息。学校里采用的方式大多是上课40~50分钟，然后休息10分钟。在两节课之后，安排一次体操。这样的安排是相当合理的，张弛有度，它可以让大脑一直保持良好的学习状态。

（3）午休。为什么要安排午休呢？因为刚刚吃完饭，食物还没来得及消化，精力不容易集中，注意力容易分散，如果这个时候学习效果自然欠佳。而且中午12点至1点之间正好是大脑思考能力较低之时。我们可以变不利因素为有利因素，及时休息，调整、储备、休养自己的脑力与体力。只要休息好，身心放松了，下午的学习就会更有效。

通常来说，午休只要半个小时左右，就可以缓解上午学习和工作对大脑能量的损耗，较好地恢复脑能。高质量的午休甚至只要一刻钟左右就可以达到恢复精力的作用。

要注意的是，尽量不要长时间午睡，否则会影响晚上入睡，变成"夜猫子"，导致生物钟与日常生活的安排不能协调一致，因而是不可取的。

（4）晚修。通常晚上的时间比较集中，适合用来学习。不过在晚上的学习中间同样要安排适当的休息，这对于缓解大脑的紧张是必需的。一般人注意力集中的时间是 20~30 分钟，如果把每小时分作两个单元，中间穿插 10 分钟休息，就能让我们学习时的精力更加集中，更容易进入学习状态。

另外，尽可能地早睡早起，保持大脑灵活，对学习也会更加有利。

四、激活兴趣

（一）兴趣的意义

兴趣可以分为直接兴趣和间接兴趣。直接兴趣是由学习内容直接引起的关注和爱好；间接兴趣则是由于对某种目标或结果的关注和喜好，不断地对某个过程倾注心力，进而产生的兴趣。

兴趣会对学习能否成功产生极其重要的影响，是对学习最有效的催化和促进。做任何事情只要有兴趣，都会开心、愉悦，学习也是如此。快乐地学习，不仅效率高，而且效果好。

爱因斯坦说："兴趣是最好的老师。"美国著名教育家杜威认为："教育应以兴趣为中心。"

只要你对学习的内容怀有浓厚的兴趣，兴奋优势中心就会在大脑皮层出现，学习与记忆就会变得积极主动，而不会被认为是负担。在这个意义上，学习兴趣可以说是学习的最佳伴侣。不仅可以让我们集中注意力，还可以提高理解力，增强记忆力，发展创造力等。

由此可见，兴趣是学习中非常重要的因素，兴趣的强弱直接关系到一个人学习与事业的成败。

（二）怎样激活兴趣

戴尔·卡耐基说："假如你'假装'对工作感兴趣，这种态度往往会使你的兴趣变成真的。这种态度还能减少疲劳、紧张和忧虑。"

在学习过程中，我们也可以逐渐地引发出自己的兴趣。比如先由学习材料中有趣的内容入手，渐渐产生接近的乐趣。知识丰富起来后，各种联结越来越多，兴趣就会逐步得到加强。这样，逐步提高层级，我们的学习会变得更加愉快，读书的感觉也更加美妙。

因而我们建议，学习任何内容都要尽可能首先挖掘它的可爱之处，觉得可爱了，自然就会喜欢，愈喜欢兴趣就会愈浓，也就更希望接近它、亲近它、接受它。

问题的关键是，怎样去发现学习对象的可爱之处？其实，寻找可爱之处并不是一件非常难的事情。有许多的方法可以使用。在我们寻找可爱之处的时候，应该注意以下几个方面：

（1）带着饱满的热情全情投入，保持良好的心态，敏锐地发掘任何一点儿可爱之处，不要轻易放过，这便是良好的开端。

（2）运用适合的方法，很快进入知识的世界，一旦我们了解、掌握了它，就会有成就感，这种成就感可以很好地调动我们的乐观情绪，进而产生更加良好的学习效果，对知识的兴趣也就更加浓厚。

（3）要有坚定、必胜的信念，步步为营，积少成多，在日积月累中产生兴趣。

（4）养成自己良好的学习模式，养成优良的学习习惯，不骄不躁、不气不馁，直至达到自己的目标。

（5）充分认识到努力与兴趣相互促进的特点，让二者形成良性循环，互相促进，共同发展。可能没有人一开始就对所有的科目或学习内容都感兴趣，对于不感兴趣的东西，我们只要在总体的目标下坚持努力，攻克某些难点，哪怕只是取得一点点的初步成果，都有可能刺激和调动进一步学习的愿望，带来新的学习兴趣。

（6）充分认识到对知识掌握的程度同兴趣是成正比的。一个人的知识量越多，知识面越广，他就越可能对其他知识产生兴趣。知识加深了、丰富了、拓广了，兴趣就更强烈、更浓厚。因此，适当地、广博地阅读课外读物，对提高学习兴趣有很好的帮助。很多课外读物在扩大知识面、指导学习、指导生活、提高文艺历史修养、自觉修身养性等方面都具有很高的价值。

（三）兴趣对记忆的影响

兴趣不仅对学习有极其重要的意义，对记忆也是如此。德国文学大师歌德指出：

"哪里没有兴趣，哪里就没有记忆。"知识在兴趣的平台上可以较为容易地通过记忆通道，汇入脑海。在 α 脑波状态中，如果伴有浓厚的兴趣，则很容易形成长期记忆；此外，随着兴趣的不断增加，所学的知识内容甚至在晚上睡眠的时候都会伴梦入眠，大脑自然而然地处理吸收的各类知识、资讯，让它们分门别类、恰到好处地储存于大脑的记忆区域。

（四）应用对兴趣的影响

尤其值得提出的是学以致用对兴趣的影响。我们如果能及时、灵活地运用所学的知识，就会立竿见影，获得极好的效果。如果你掌握了人类世代积累的各种知识，你就相当于拥有了人类共有的精神财富。然后，只要能够有效灵活地运用起来，结合现实理解问题、分析问题与解决问题的能力就会有所提高，就算只是一点一滴的进步，都会让人产生喜悦之感，让人感受到知识存在的价值，体会到对知识的认同，从而产生更多的乐趣。

五、创造性思维

党的十六大报告中指出："创新是一个民族进步的灵魂，是一个国家兴旺发达的不竭动力。"

要创新就要有创造性思维，创造性思维是怎么来的呢？是靠学习和训练得来的！可以说，创造性必须在一定的平台上展开，这个平台就是丰富广博的知识。那么，知识是怎么来的呢？当然是靠学习得来的。所以说，创新的基础是学习。

（一）什么是创造性思维

创造性思维是指人们对事物新的思维活动。思维独特、见解独到、观点新颖，综合前人的成果有所发现、有所突破，不受常规和现有结论限制，以新的方法代替老的方法等，都是创造性思维的外在表现。

创造性思维有广义与狭义之分。广义的创造性思维，即思维主体对事物具有新颖且独特的思维活动能力，强调的是新颖性。

狭义的创造性思维，专门指对事物有开创性的见解，主要强调的是开创性。总体来说，开创性具有极其重要的意义，不过新颖性则具有较为普遍的现实意义。

我们认为，开创性与新颖性二者相辅相成，开创性中间自然有新颖性，而新颖性也包含着开创性。思想理论界普遍认为人类有三种基本思维形式：抽象思维、形象思维与逻辑思维，这三者三位一体地存在于人们的大脑中，各自独立又相互影响，如果我们把这三种思维集中在一起，就会形成一种力量更为强大的创造性思维。创造性思维的培养在于训练，它是人们成才与成功的重要因素。

创造性思维是未来人才必须具备的素质，它可以产生新的思想和新的事物。例如，发现某些新现象、发明某些新技术、创造某些新概念、提出某种新理论、设计某些新方案、制订某些新计划、创作某些新作品、开发某种新产品、发明某种新工艺等，所以它是一个人或者一个群体创造性地解决问题的能力，是人类各种思维功能同社会群体实践能力的综合体现。

（二）创造性思维的特征

创造性思维具有如下一些特征。

1. 创新特征

这种思维不受传统方法与经验的制约，是对传统理论的质疑与发展，是新的、富有挑战性的思维。例如，求异思维、发散思维、想象思维、类比思维等大多具有创造性的实质，我们在许许多多的发明家、科学家或作家身上，都能看到创新意识的体现，他们的成果大多具有创造性。

2. 独特特征

创新思维要求我们不断发现新奇、独特的角度与思想，求同不是本意，存异才是目的。人们往往对创新性思维的成果感到惊奇，因为这种思维不拘泥于概念化、常规化的东西，总是能把新的概念、新的知识同化与渗透到现有的概念与知识系统，运用新知识、新概念去改造旧知识、旧概念。拥有创新性思维的人在着手解决问题时不会受制于传统方法，而是运用多渠道、融会贯通地加以解决。他们不会墨守成规、安于现状、人云亦云，他们的劳动是创造性的。

3. 独立特征

开拓与创新永远是创造性活动的要点，所以在这整个过程中必须遵循独立思考的原则。这里的独立思考具有两个重要基础：首先是怀疑，对现有和未知事物带有浓厚的探索意识，同时勇于质疑，方能出现独立思考，也才能带来新的发现与发明；其次是抗压，这里抗压的意思是指独立思考不可避免地会冲击到现有的传统观念与权威理论，因此一定会受到某些方面的压力和影响，独立思考往往需要这种能够顶住权威与传统的压力的本领。

4. 综合特征

人类三大基本思维形态综合汇成了高级思维形式的创造性思维，要拥有这种综合能力，就必须具备以下几点能力：

（1）辩证分析能力。即详细地分析资料、深入事物的内在本质、把握其内在规律、展开个性化分析。这种能力可以让自己迅速看到事物的本质，但是通常需要在现实中多加训练才可以得到。

（2）总结抽象能力。在进行概括分析以后，对事物内部规律与本质的内容加以归纳、概括，以形成新的科学概念以及新的理论，因此它是一种综合性思维能力。

（3）交叉能力。即将现有的成果交叉对比、将自己的思考与现有的成果交叉对比，从中发现新的内容，进行加工，最后得到新的结论。

5. 目的特征

我们做任何事情都要有明确的目标，前面已经讲过，学习需要策划，策划的重要内容之一就是目标，没有目标的劳动一定不是创造性的劳动。创造的动力在于目的的实现，人们在一定的目标引导下，把无序的联想转换为系统的、有组织的追求探索，这样的探索不仅具有明确的目的性，而且具有明确的功利性。

6. 多维特征

现实中我们所见到的是三维空间，与此相适应的也应该是多维思维，所以我们对某种事物要尽可能多地从不同的角度、不同的层次去思考、去认识、去解决，尽量设计出多一些的方案，突破成见与惯性，水随物形，随机应变，而不固守某个点或某个面，要由点及面、由面及体，开阔思路，拓宽渠道，解决问题。这就是说，我们要从多侧面逆向或立体地分析与解决问题，在不是道路的地方找出道路，获得问题的最佳解决途径。

7. 发散特征

我们对某一事物的思考，从某一点可以不断地发散开来，就像一棵树干上长出许多分散的树杈，树杈上又长出许多分散的树枝，树枝上又长出更多树枝，最后形成了自己完整的体系。创造性思维就要求我们能够对某一事物形成一个完整的扩散性的思维体系。

8. 森林特征

如果我们走进一片森林，就会发现这里既生活着虎、狼、狗熊这样的猛兽，也生活着山鸡、松鼠、百灵鸟这样的小动物，它们各适其所，自得其乐。我们在思考问题时，也要兼容并包，允许各种思维形态的存在。

（三）创造性思维的价值

我们的学习需要创造性，我们的工作需要创造性，我们的事业需要创造性。总而言之，创造性思维具有极其重要的价值。

1. 创建知识体系

我们要把自己训练成一个适应知识经济时代以及社会飞速发展的创造型人才，这种人才应该具备创新的素质，其创造能力与创新能力就是这种素质的体现。作为创造力核心的创造性思维，是进行所有创造性活动的必要前提，所以说，学习与训练创造性思维，可以有效地训练出创造性人才，这样的人才才能适应时代和社会的要求。

2. 搭建心灵架构

科学家认为青年时代是建立创造性思维的重要时期，脑细胞及其机能不断地完善，大脑皮层发育加快，产生质的飞跃，这种内部条件为外部的思维训练提供了良好的基础。对于少年儿童和成人来说，训练创造性思维同样重要。因为从小形成创造性的思维习惯，对于一生的学习都会产生积极影响；而成年以后，创造性思维可以帮助我们在工作中有效地把握事物的内在，从而更好地分析与解决问题。可以说，一个人一生的成就大小，很大程度上要取决于他的创新能力，而这种创新能力正是创造性思维的结果，所以，要想创新就必须要建立自己的创新平台，训练自己的创新思维。

3. 培养创造素质

创造性思维可以形成一种思维模式，运用于日常生活的各个方面，它让我们的思路更加开阔，遇事会有更多的主张，分析问题、解决问题的途径更加多样化，不再拘泥于某一框架，甚至能让我们在现实生活中如鱼得水、游刃有余。

这里应该指出的是，学习可以分成再造性学习与创造性学习两种形态，区分的主要依据就是有无创造性，通常再造性多以获得知识为主要任务，许多活动都是围绕知识本身进行的。而创造性学习则需要把学习知识同创造紧密结合起来，学知识是为了创新创造，创造是建立在学习的基础之上，让自己拥有创造素质。

4. 打造思维能力

有教育学家提出创造性学习的理论，受到了许多人的关注，实际上我们认为学习本身就是一种创新。为什么这样说呢？因为学习不仅仅是为了掌握前人的知识，更是在掌握已有知识的基础之上，获得自己的智慧，这种智慧包括很多的创新。所以我们说，学习与创新是一对形影不离的好朋友，学习是创新的前提，创新是学习的结果。我们通过学习可以很好地培养创造性思维，同时创造性思维反过来又可以有利、有效地推进学习，从而促成了创造性思维的实现。

（四）创造性思维的六大基石

1. 知识基础

如果没有扎实的知识根基，就难以产生良好的创造性。就是说，我们需要通过学习打下坚实的基础，创造良好的前提条件。所有的创造活动都是围绕创新进行的，它们建立在某一领域的知识与成果的平台上。知识结构越严密、层次越高，创新就越容易出成果。这就要求我们必须扎扎实实地通过学习打好基础，同时扩大知识面，扩展视野，围绕自己的专业去开拓相应的知识领域，建立合理完善的知识结构体系。比如说，学习文科的人除掌握自己学科的知识以外，还要尽可能去了解一些理工科的知识；相反，学习理工科的人也应该尽可能去了解文科的知识，因为知识之间是互相渗透的。再比如，一个人，要想在文学上有所造诣，就必须尽量多地了解其他方面的知识，得到更多知识和经验的积累，这样他才可以在写作中运用自如，"写"有所成。我们知道，大文豪鲁迅与郭沫若等人都是学医出身的，但是他们的知识绝不仅仅局限于医学方面，后来他们弃医从文，都在文学上有很高的造诣和成就。

2. 创造意识

其实人人都拥有创造性思维能力，只不过许多人没有激发出自己的潜能罢了。有的人怀疑自己、轻视自己，认为自己比别人差，不可能拥有创造性思维。其实，我们每个人都可以通过学习和训练培养出良好的创造性思维。只要方法对了路，创造性思维的能力自然会不断增强。反之，如果我们甘于现状，随波逐流，甚至自暴自弃，那就永远也不可能训练出自己的创造性思维。

3. 掌握方法

创新具有一定的方法，运用这些方法可以很好地展开创造性思维，创造性思维可以开发更多的创造性活动。我们如果要提高自己的创造能力，就必须有意识地了解和掌握这些创新方法。经过这些创新方法的训练，我们的思维的速度可以大大提高，思维的广度可以大为拓宽，思维的深度也可以大大加深，最终使创造性思维能力获得极大的增强。

目前人们常用的创新方法可以分为三大类：

（1）综合集中方法，即汇聚大量信息，由此找出问题，激发出创造性的设想，在多种思维中加以集中，由此找到最佳的解决途径。这类方法有特点列举法、特性列举法、情报整理法、检核表法及希望点列举法等。

（2）发现扩散方法，即运用发散思维导出创造性的设想，最终带来创造成果。包括等值变换法、自由联想法、智力激励法、类比法等。

（3）意识培养方法，即通过培养自己的自信心，加强创造的愿望，从而达到创造的目的。

4. 实践练习

我们在训练创造性思维的过程中，应该尽早进入创造实践活动，积极扮演好自己的创造角色。

首先，我们应该学习由前人创造出来的成功的思维过程，积极模仿他们的创造成果、模仿他们创造性思维成功的范例。在这个学习、了解、模仿的过程中，让自己的思维受到良好的训练。而且，在学习的过程中也要特别注意学习材料以及教师传授知识的方法，我们不仅要掌握知识，而且要掌握创造新知识的思维方式和思考形态。

其次，我们在训练创造性思维的过程中，要积极运用创新方法，训练自己的创新能力。对于学生来说，勤于练习、勇于挑战自我就是非常好的锻炼思维的方式。面对某一问题，我们应该尽可能给出多项设想、多个答案，以便新的思路源源不断地涌现出来。

最后，要不断发挥自己的研究才能，努力发掘创造性思维的成果。这要求我们尽早地进入研究角色。例如，积极参加科研活动、调研活动，撰写论文等。在这一系列过程中，可以发现机遇，激发、完善创造性思维。

5. 总结经验

在训练创造性思维的过程中，我们要及时总结经验。由于这是一项富有挑战性的训练项目，是一个由各种因素共同协调的比较复杂的训练过程，其自身有着相当大的难度，所以我们要一边学习、一边训练、一边总结，不断地把自己向前推进，在已有的基础上，建立更高一级的创造性思维平台。

6. 完善机制

创造性思维的训练是一项精神领域的系统工程。因此，我们既要有强烈的创新动机与意识，也要有对创新原理，也就是创造性思维客观规律的认识和把握，还要善于将创新方法运用于学习活动与社会实践活动中。但仅有这些是远远不够的，我们还要广泛吸收国内外关于创造性思维的最新资讯，了解国内外最新的创造性思维成果，进一步丰富与完善自己的创造性思维。在不断学习、思考、实践、总结、提高、完善的过程中，我们的创造性思维机制就可以逐步丰满起来了。

六、综合训练

（一）充氧呼吸法

坐站均可，用力呼气，脑中默念 7 个数字，呼气的速度要缓慢而有力，把气呼尽。然后深吸气，脑中默数 4 个数字，吸气速度舒缓，这时暂停呼吸，脑中默数 4 个数字，想着气已经存在肚脐下 1 寸左右的丹田处。此法的关键就是 4 吸气，7 呼气，4 屏气，借以吸收更多的氧气。大脑通常需要消耗体内血液中氧气的 25%，而氧气并不是直接进入我们的大脑，它是经由血液循环输入大脑中的，大脑每分钟需要 600~800 毫升氧气，充足的氧气可以让我们的大脑更加活跃。

（二）视觉训练法

视觉训练有 3 种方法：凝视法、移动法和扩视法。

1. 凝视法

双眼凝视某个物体 1~5 分钟，双目平视，距离在眼前 3~5 米，用丹田呼吸，时间可逐渐加长，待凝视结束，双手轻轻按摩太阳穴、印堂穴、阳白穴、睛明穴、球后穴、承泣穴。

2. 移动法

可于早上起床后或晚上入睡前做。先深呼吸，以左手食指尖在眼前 10 厘米处引动两只眼球上下移动 10 次、左右移动 10 次、上下左右转 10 次。然后闭目养神 3~5 分钟，如果眼睛觉得难受，可以按前者眼部穴位按摩方式帮助缓解。

3. 扩视法

坐立均可，意念放松，意守丹田 1~3 分钟，睁眼扩大视野，看到眼前尽可能多的景物，有点类似于照相机中的镜头，瞬间印下所能见到的景物。此时闭上双眼，心中一一默述看到的景象，采用丹田呼吸。然后再睁眼复看，印证所记住的事物。此法每天 3~7 次，会收到较好的效果。

（三）慧觉训练法

慧觉训练分联想感知与直觉感知两种方法。

1. 联想感知

这种训练主要是捕捉关键词，用联想感知语句大意，再捕捉关键句以联想感知段落大意，再捕捉关键段落以联想感知文章中心思想，也可以进而捕捉全书主要章节大意，以联想感知全书的大致内容。尤其是采用信息图像感知，将文字信息经过想象迅速转换为图像信息。

2. 直觉感知

这种方法需要五官协调训练，使身心共同参与，让视觉摄取的信息量骤增，让身、心、脑同步工作，以整体信息的方式获得直觉。直觉与逻辑并不矛盾，逻辑思维往往在直觉中发挥着积极作用。

七、健脑益智操

健脑益智操是笔者多年潜心研究的一种行之有效的大脑体操，只要坚持不懈地练习，就可以获得较好的健脑增智的功效。笔者从南开大学读书时开始，直到后来在北京工作、在清华大学任教、在哈佛大学研究以及在加拿大办学时都坚持不懈地练习，并且传授给中外许多学生和其他人士，获得很好的训练效果。现介绍给大家，以供参考。

第一节：开天辟地

身体站立，双脚平行分开，与肩等宽，双脚始终不动。略微含胸，直背，放松站立，做到松而不懈，双手自然松垂两侧，中指放在裤缝位置。双手抬至胸前，手背翻转向下，上下波动，连续三次，然后打开，尽量向后张，头向后仰，做深呼吸。然后，手背朝上，头朝下，手尽量往上抬，做深呼吸。双手回到原位，身体恢复原状。

第二节：吐故纳新

双手从两侧抬至腋下，从腋下将全身的浊气向前抬至胸前，猛然抖去。左手后放，手背贴着后背护住命门，回头转身，右手手掌向上，往肩膀一扇，然后换过来右手向后护住命门，身体向右转，左手手掌向肩膀伸去。连续三次，恢复原状。

第三节：龙头凤尾

用下颌向前后画圆，连续三次，画得越圆越好，身体可以随着画圆做相应的运动，画的时候要保持中等速度，不要求快，也不要太慢。

用尾椎（通常是动物长尾巴的地方）按顺时针方向画圆，连续三次，幅度尽量要大。然后再按逆时针方向画圆，连续三次，幅度尽量要大。恢复原位。

第四节：日月经天

双手从两侧平行抬到离身体成 30 度夹角，向左扭，然后从左向右画圆，越大越圆越好，连续三次，再按反方向连续三次画圆，恢复原位。

第五节：全身抖动

要先从腿到上身、到手全部放松，做小幅度的抖动，越来越大，要全身抖动，越来越大，最后大到自己可以承受的极限，时间 1~3 分钟，身体状况较好的人可以稍长一点儿，做到 5 分钟，采用腹部深呼吸，幅度渐渐越来越小，直到站住，恢复原状。

第六节：一元复始

眼睛微闭，深吸气，气沉丹田，双手上抬至胸前，如同捧着一个大气球，向上抬，抬至头顶向下压，将气压入百汇，双手顺两耳外侧，不要碰到身体，轻轻从胸前向下导引，让气进入丹田，在做的过程中，气息平稳，徐徐吸吐。接着，双手从胯下打开，如同抱着一个大气球，渐渐收拢，将"气球"压入丹田。连续做三次。保持姿势不动。

第七节：五体入静

双目微闭，采用深呼吸，意念放在丹田，全身放松，大脑放空，只想着气流在腹部，此时身体可能会出现轻度摇摆，或者是大幅度摇摆，都不必控制，顺其自然。

第八节：四大皆空

同上节姿势，大脑中渐渐什么都不想，越空越好，越空越灵，如果此时达不到这种程度，则将意念恢复到丹田，渐渐地进入无意识状态，这个时间可长可短，通常5分钟以上为好，长则可达30分钟。

第九节：天人一体

无为而为，无意而意，无形而形，无动而动，全身处于完全放松的状态，从意念到身体，立于天和地之间，天、地、人三位一体，让人回到自然的状态，和自然协调一致。此时，大脑处于完全放松的空灵状态，空而有灵，灵而不空，从而进入了大脑锻炼的最高境界。

注意事项

健脑益智操的原理在于调动全身的气血，改善与促进大脑血液循环，让大脑得到充足的氧气——大脑的最佳营养品，消除疲劳，恢复能量，发挥潜能。做操的时候，尽量选择空气好、人少、环境优美的地方，比如松树下或大海边等，不要有人打扰。如果没有合适的地方，在家中也可以进行。注意要坚持经常做，最好能每天做一次，时间5~30分钟都可以，在学习、工作疲惫的时候，大脑休息不好、不够清醒的时候，都可以做。做完后可以立即投入学习和工作，此时你会感到全身放松，精力充沛，学习与工作效率都会得到提高。有的时候，为了缓解学习与工作中的大脑疲劳，可以坐在椅子上做。这样动作幅度比较小，但只要得法，一样会有很好的效果。

八、单侧体操

大脑中的左、右两个半球功能不同，通常来说左半脑生理负荷较重，它主要负责语言、数字、概念、计算、分析、逻辑等方面的工作，传统学习大多使用的是左脑，一旦左脑发生疲劳，就会出现无精打采、注意力分散、记忆力减退，甚至是神经衰弱等症状。

我们可以运用单侧体操来帮助大脑缓解疲劳，增进大脑活性，如果左半脑疲劳，则使用右侧体操。如果右半脑疲劳，则采用左侧体操，单侧体操可以让大脑得到休息，消除疲劳，增强记忆。以下以右侧体操为例，我们可以自行转换为左侧体操。

第一节

站立，双眼平视前方，握紧右拳，右腕使力，弯曲手臂，慢慢达到极限，然后还原。重复8次。

第二节

仰卧，右腿伸直，尽量上举，向右侧倒下，但不着地。重复8次。

第三节

直立，伸展右臂，向右侧平举，再上举，头部保持不动。左臂同样，然后还原。重复8次。

第四节

右握，将身体向右侧倾倒，右手与右脚间支撑身体，伸直右臂，斜握弯曲右膝，起身。重复8次。

第五节

俯卧，脚尖跷起，用脚腕和脚尖支撑身体，如同做俯卧撑。重复8次。

九、五官健脑操

五官健脑操能够促进大脑生理机能，提升血氧含量，使大脑皮层的兴奋与抑制获得有效调节，能够帮助人们解除疲劳，提神醒脑，坚持长期锻炼的话，还可以使大脑更加灵活、敏捷、聪慧。

五官健脑操实际上是由一组各自独立的大脑体操结合而成的。

1. 默想

大脑放松，排除杂念，平心静气，意守丹田，吸气幽幽，呼气绵绵，缓慢舒展，力求自然。时间可长可短，但每次在10分钟以上为好。

2. 运睛

两眼微闭，心平气宁，眼球分别顺、逆时针左右运转，再睁目运转，各10次，要做到慢而匀。此法即所谓"运睛"，俗称"转眼球"。经常做可以明目清脑，消除眼睛疲劳，改善视力。

3. 擦面

两手互相摩擦，直到发热，然后自上而下，摩擦颜面，包括额头、面颊、两太阳穴及鼻翼两侧，动作柔和，速度匀缓，反复摩擦到温热为宜。每日至少两遍，每遍10次。此法也叫"浴面"或"干洗脸"。

擦面可以改善血液循环，增强面部皮肤弹性，减少皱纹，滋润面色，延缓衰老。

4. 叩齿

凝神静心，摒除杂念，口唇轻合，上下齿相互叩击。先叩后齿，次叩门（前）齿，再错位叩犬齿。此即所谓"叩齿""啄齿"。每日晨起及临睡前，或不拘时刻，每次叩齿百余下。

有句话叫"清晨叩齿三十六，牙齿到老不会落"。坚持叩齿，可以促进牙齿血液循环，改善营养供应，增强咀嚼功能，并保持口腔及面颊部肌肉丰润，每日早晚咬牙10遍，咬合时须铿然有声，则齿坚不痛，促进消化。

5. 鸣天鼓

两手掩耳，食指压在中指背上，稍加施力，借反作用力滑下，以指弹击后脑枕骨部（风池穴附近），呼呼作响，犹如击鼓之声。也叫"弹脑"。连弹36次后，两掌忽开忽闭，放响12次。最后，用两手食指同时插入左右耳孔内，转动3次，骤然拔开，可增强记忆，防治头昏头痛及耳疾等（注意插入耳孔时动作务必要轻，以免伤到耳膜）。

6. 下巴运动

垂手而立，掌心向前，随后两手用力握紧成拳。同时，嘴也使劲向两边侧下咧成"八"字形，做数次之后，嘴再尽量张大，做出"哇——"的口型（如环境允许，可以喊出声来），并将手指头骤然分开，其形状如同枫叶一般。接下去又像开始时一样，两手紧紧握拳。然后又张嘴，伸手……次数不限。

在张嘴时要尽量放得开，就像婴儿咧着大嘴哭喊那样，尽量地把嘴张大。同时，头要略向上仰。尽管看上去傻乎乎的，但对大脑大有益处。因为它可以大面积地给大脑施以良性刺激，目的在于增强整个大脑的血液循环，加大脑部的供氧量，从而可以活跃和增强大脑的功能。

以上几节操可以连贯做，也可以单独做，每天坚持，效果较好。

第二章　误区之二　博览群书　多多益善
对策　精品读书战略

　　知识经济时代是信息爆炸的时代，知识的增长、更新甚至淘汰速度之快都是前所未有的，因此我们的阅读面临着新的挑战。为了不在资讯的海洋中被信息迷惑和淹没，我们再也不能用传统方式去阅读和学习了。这就要求我们及时地充实、更新自己，以适应时代变化的需要，与时俱进。对于学生来说，主要精力需要用在攻读教科书上，对教科书上的基础知识要牢牢把握，并在此基础上拓展阅读范围，采用精品读书战略。尤其是要学会、掌握快速阅读技术。速读和传统阅读是完全不同的阅读方式，是阅读史上的重大突破。

第一节　信息爆炸与阅读

研究与统计表明，人类历史上 90% 以上的科学家与发明家都生活在我们这个时代（联合国教科文组织：《学会生存——教育世界的今天和明天》）。在人类所有的知识中，有约 3/4 是随着新技术革命浪潮的到来，在近 50 年内取得的。

现在，知识量每 3 年左右就要翻一番，重大发明不断出现，在 16 世纪，世界重大发明仅 26 项，而在 20 世纪 60—70 年代，新发明比过去 2000 多年的总和还要多，到了现在，每年登记的发明创造数量都要超过 30 万项。

在图书资料方面，全世界图书发行总品种在 1952 年为 25 万种，估计在 2040 年将达到 2 亿种，要用现在传统的书架排列能达到 8000 千米长，数量非常惊人。期刊方面，1750 年全世界仅有 10 种科学期刊，到了 20 世纪 70 年代，全世界平均每年发表 500 多万篇论文，平均每天约 13000 多篇。

所以有人预测，生活在今天的我们成长到 50 岁时，学习的知识中会有 97% 是在我们出生后的这段时间出现的。可见知识的增长是多么的迅速。

相应地，知识的老化与陈旧周期也大大缩短，创造发明的使用周期越来越短，知识更新的速度越来越快，我们掌握的知识中的某些内容在不断地被淘汰，这就要求我们及时地充实、更新，以适应时代变化的需要。

采用传统的阅读方法，已经不能适应现实生活中知识、信息的发展所带来的变化。如果用传统的阅读方式吸收知识与信息，将是非常低效的。

"到什么山上唱什么歌"，人要随着变化而改变，不能在信息的海洋中被迷惑和淹没。如果还用传统的方法博览群书，坚信开卷有益，而不去寻找新的方法，无异于自寻烦恼。

这一点对学生来说尤其重要。学生的学习是按照严格的教学目标、规律进行的。学生主要的精力和时间要用在完成学业上面，如果强调博览群书，会耗费大量的精力和时间，势必会影响其学习成绩，如果看短期效益，是非常不明智的。但从长远看，有发展后劲的人都是在青少年时期博学的人，这也是高分不一定高能的现象的根源。

对于已经走上工作岗位的社会人士，他们需要不断更新知识，不断充电，但这也是要有选择的，不能来者不拒。

识时务者为俊杰。面对铺天盖地的资讯大潮，要头脑清醒，正视自己，面对现实，用现代化的阅读方法和策略武装自己，争取掌握阅读和学习的主动权。在新知识、新资讯的汪洋大海中，如鱼得水，劈波斩浪。

第二节　阅读概述

一、阅读的内涵

阅读就是对文字或信息进行感观认识的行为方式，它是人们获得基本智力技能，它是学习、工作、研究、生活等取得成功的重要前提，也是人们娱乐和消遣的重要方式。

要阅读，就要讲究方法和策略。掌握并实施这些方法和策略，可以在阅读的方式、技术、规则上加以改进与提高，提高从文字信息载体中获得信息和意义的能力。对于学生来说，掌握学习中的阅读方法与策略，对有效学习是极其重要的。

阅读并不只是停留于表面上的看与阅，在看与阅的同时，大脑对知识信息进行读取、加工、整理，进行感知、思考、推理、判断、分析、发现、想象、评价和解决问题等一系列复杂的心理过程。

二、阅读的功能

阅读所获得的知识，在我们获得的全部知识中占有很大的比例，人一生中大量的知识都是靠阅读获得的，阅读让我们可以间接而高效地获得信息。掌握好的方法可以提高阅读效率和阅读能力，以强化这种广泛获得知识的手段。

阅读到底有哪些功能呢？

1. 发展的功能

它对人们知识、能力的发展起着重要作用。人的各种智力技能都会随着阅读的不断进行而逐渐得到发展。

2. 转化的功能

人们不断地通过阅读来吸纳知识，并将它们转化为自己知识结构和能力的一部分。

3. 范型的功能

人们将阅读所学到的知识内容借鉴到自己的学习、写作，甚至是发明创造中，起到范型的作用。

4. 实用的功能

阅读的主要目的还是应用，人们可以把阅读获得的知识运用在现实生活中。

5. 娱乐的功能

阅读可以陶冶情操，增长见识，放松精神，让人心旷神怡。

三、阅读的分类

我们可以依据阅读的目的、阅读内容的性质和特点、阅读主体的文化水平以及阅读能力等，选择适合的阅读方式，借以提高效率，加快进程，让阅读实现优化。

我们可以把阅读化分成精读、略读、速读、泛读、通读、选读、扫读、复读等。

其中精读、略读与速读是最为重要的阅读方式，后文我们将专门介绍。下面概要介绍其他的一些阅读方式。

泛读——一般性的广泛阅读，内容比较广泛，阅读速度较快。大多以娱乐为目的，但也能够扩大知识面，吸收有用的知识，储备在大脑中不断地积累，浏览也属于泛读的范畴。

通读——对于阅读材料从头到尾进行连贯阅读，它是处于精读和略读之间的一种阅读方式。有些经典性的著作要进行通读，这种阅读最好能制订计划，妥善安排时间，把握阅读进度，坚持不懈，以积累更多的知识。通读要选好内容，不能对无关紧要的内容花费太多时间，否则将会得不偿失。

选读——对知识材料有选择性地阅读。在知识爆炸的现代社会，人们在阅读过程中只能有所取舍而不能什么都读。可以选读某些知识材料，让有限的精力和时间用在更有意义的目标材料上。

扫读——对阅读内容进行扫视，速度较快，类似于电子扫描的方式，扫视内容。在发现目标内容时，再给以特别"关照"。这种阅读方式可快可慢，速度完全由自己掌控，主要是根据阅读目的来决定。

复读——对那些阅读过的材料进行再次阅读或反复阅读。复读就是重复阅读的意思，需要温习有用的内容时，就可以这种方法阅读，有时根据需要可以阅读若干遍，直到自己完全掌握知识内容为止。

四、阅读前的准备

（一）阅读的策划

阅读和做其他事情一样，需要策划。读一本好书，会受益良多。读一本乱七八糟的书，会浪费精力和时间。读一本粗制滥造、问题很多的书，则会误人子弟。所以，读什么样的书，怎么样读书，是很重要的事情，不能掉以轻心。

俄国教育家别林斯基告诉我们："阅读一本不适合自己的书，比不阅读还要坏。我们必须学会这样一种本领，选择最有价值，最适合自己的读物。"

我们在阅读时可以把目标定得尽量具体一些，比如学生主要应该围绕着课业来展开阅读，接着是扩大阅读范围，由课业相关的阅读材料扩大到为自己人生战略目标服务的阅读材料。

要清醒认识到，如果纯粹为娱乐而进行阅读，只是满足了人的兴趣，对实现人的价值并没有太多的用处。所以有能力的阅读者，总是带有一定目的地选择阅读材料。

（二）阅读者的类型

人类的学习有很多不同的方式，个人对知识的汲取往往有所偏好。我们要了解这些不同类型的特点，扬长避短，有针对性地发挥自己的强项，获得更好的阅读效果。

1. 依据获得信息的主要方式，把阅读者分为三类

（1）视觉型。这类人喜欢以视觉的方式接受知识，占人群的29%左右。

（2）听觉型。这类人喜欢以听觉的方式接受知识，占人群的34%左右。

（3）触觉型。这类人喜欢以触觉的方式接受知识，占人群的37%左右。

2. 依据知识内化的形式把阅读者分为四类

（1）沙漏型。学到的知识像沙漏里的沙子一样迅速漏掉了，学了几乎等于没学，非常可惜。

（2）海绵型。对阅读材料毫无原则地加以吸收，来者不拒，没有重点，盲目吸收。

（3）过滤型。像沙里淘金一样学习，筛选有用的知识保留下来。

（4）蜜蜂型。阅读时像蜜蜂一样在花朵采撷精华，然后加以消化吸收，精心

酿制，最后转化为成果奉献出来。

很明显，在上面这四种类型中，第四种是最为高效、最为合理的，我们不妨将其作为自己阅读的原则。

3. 依据获得最佳学习效果的时间不同把阅读者分为三类

（1）百灵鸟型。这类人早上读书学习效果最好，头脑最清醒，精力最旺盛。

（2）夜猫子型。这类人在晚上大脑思维最为活跃，学习效率最高，可以进入最佳学习状态。

（3）平均型。这类人在早上、晚上或白天，大脑思维水平相差不多，读书学习效果都可以。

4. 依据学习主体的知识结构，把阅读者分为四类

（1）椭圆形。这类人的知识结构像鸭蛋一样，不够牢固，稳定系数最差，就像椭圆形。

（2）矩形。这类人的知识结构具有一定的稳定系数，就像矩形。

（3）T形。这类人的知识结构具有一定的深度和广度，为日后的人生、事业发展打下了很好的基础，稳定系数很高。

（4）金字塔形。这类人知识的基础最扎实，因此稳定系数最高，就像三角形。

可见，后两者知识结构具有优势，我们要从中受到启发，围绕着主攻目标去读书，以较少的时间获得相对多的内容，扩大知识面，增长见识，及时了解新理论、新成果。

博览可以获得较广的知识，鲁迅的《读书杂谈》里说过："应做的功课已完而有余暇，大可以看看各样的书，即使和本业毫不相干的，也要泛览。譬如学理科的，偏看看文学书，学文学的，偏看看科学书，看看别人那里的研究究竟是怎么一回事。这样子，对于别人、别事，可以有更深的了解。"

对于学生来说，主要精力要用在攻读教科书上，对教科书上的基础知识要牢牢把握，打下坚实基础，并在此基础上拓展阅读范围，精读经典书籍。

要想成才，尤其是成为全才，就要让自己的知识既广且深，在自己专业周围建立一层一层向外扩展的冲击波，同时向着主攻方向展开拓宽与拓深的专攻、深究和细研。

博览群书绝不是没有选择地随便读书，而是有目标、有计划、有选择地阅读。把广博和精深统一起来，才能够广而不散，深而不窄，目标明确，事半功倍。

五、读物的优选

（一）优选读物原则

阅读资料种类繁多，浩如烟海，它们分成很多类型：学习指导、文学艺术、科学著作、生活指南等，要根据自己的目的，有选择地阅读。

1. 中小学生选择阅读材料的原则

（1）主要围绕学习课程选择图书，它们能够帮助自己加深理解学习内容，扩大知识面。

（2）选择内容健康、积极向上的图书，不要被某些不健康的图书所误导。

（3）选择正规出版物，不要去读粗制滥造、错误百出的阅读材料。

2. 其他人士选择阅读材料的原则

（1）参考型。这种阅读者会针对自己现有的工作和任务开展阅读。这时，应该根据现有水平、阅读能力、实际需要等，读那些有用的书籍，同时尽可能选择接近该领域先进水平的材料来阅读，让它们指导自己的学习与工作。

（2）发展型。这种阅读者不是为了追求短期目标，而是看重个人成长、扩大知识面，将阅读与未来自己所要达到的目标结合起来。人生的追求没有尽头，这种发展型的阅读自然也没有尽头。不同年龄段阅读本身就有不同的特点，成人不像中小学生那样需要人指点，他们可以根据自己的志向、动机、爱好、能力等来选择阅读内容。

（3）愉悦型。这种阅读以寓教于乐、消遣休闲为主，主要是根据兴趣爱好来选择阅读材料，这种阅读可以深化自己的爱好和志趣。

（二）兴趣的培养

在阅读的时候要尽量控制自己的情绪，集中注意力，全神贯注，会取得较好的阅读效果。一个人对知识的阅读愿望和兴趣是否强烈，会直接影响到他潜在能力的发挥。按兴趣划分，阅读可以分为以下两种类型：

（1）志趣型。有兴趣的内容能够引起我们的兴奋点，使人专心投入，情绪良好，大脑处于较好的运行状态，阅读的效果事半功倍。而且可以坚持较长时间阅读而不感觉疲惫。将兴趣、志向和自己的专业结合起来，三点连成一线，形成共鸣，这是人生一大快事，也是我们所要追求的境界，许多成功人士都有这样的经历。

（2）强制型。这种阅读虽然不是心甘情愿的，但也是积极有效的。从兴趣出发固然最好，但人不可能对什么事都感兴趣。读书学习也是这样，学生面对众多学科，怎么可能每门都有兴趣？对于没有兴趣的书，强制自己去读，既可以慢慢激发自己的兴趣，又可以锻炼意志和毅力。

志趣型的阅读是高效的，所以我们可以将强制型阅读转化为志趣型。成功的转化是需要人们努力去争取的。怎样实现这种转化呢？

首先是制订阅读计划，并且顽强地实施该计划；其次就是要知难而进，不被困难吓倒。如果知难而退，则半途而废，前功尽弃。

这样一来，就可以实现从强制到愿望，到喜好，再到兴趣的转化。

对于本来不感兴趣的材料，在初步获得阅读成功之后，会引发我们对阅读材料的接受和接触的愿望，这种愿望可以逐渐加强，进一步变成自己兴趣的苗头。有了这种苗头，就很可能对阅读内容产生兴趣，从而实现这种良性的转化。

实现这种转化的情形在日常生活中很常见，读书学习正是这样。所以我们对自己要有信心，更重要的是决心和意志。

（三）工具的使用

工具书是阅读的钥匙，有了这把钥匙，我们很容易就可以打开知识之门，登堂入室，坐上知识宝座。

掌握工具书的使用，是所有读书人士都要必备的一项基本功。

人们可以通过掌握这些工具书，在学习中获得极大的便利，提高学习能力与学习效率，可以学习更多的知识和技术。

工具书的种类极其繁多，主要可以分为两个大类：

（1）参考类。这类工具书信息量大，知识密集，是为学习某类专门知识服务的工具。

（2）检索类。这类工具书主要是提供信息检索与资料出处等内容的工具。

我们应依据具体需要来选择它们、使用它们，为我们的阅读服务。

（四）笔记的使用

俗话说，好记性不如烂笔头。所以古人有"不动笔墨不读书"的说法，意思是读书要用笔记，不用笔记还不如不读书，好的读书笔记的确可以起到很重要的作用。主要体现在以下几点：

（1）可以帮助我们系统有效地理解阅读内容，增强学习效果。

（2）可以锻炼我们的思维和语言表达能力。

（3）可以帮助我们积累宝贵的知识资料，在需要的时候发挥这些知识的作用。

因此，我们在读书学习的过程中应该勤动笔墨，勤做笔记。不过我们应该避免以下几点：

（1）漫无目的地记笔记，胡子眉毛一把抓，目标模糊，不清不楚，不知所云，想回头去寻找有用的信息也很难。

（2）笔记的内容曲解原文意思，这样的笔记在使用的时候会误人误己，还不如不记。

（3）记笔记不是抄书，也不能人云亦云。记录的时候要有自己的心得、体会和见解。

（五）习惯的养成

一个人要是拥有良好的习惯，那么做什么事情成功率都会高，这在读书与学习方面表现得非常明显。养成良好的阅读习惯，对于获得学习的成功乃至人生的成功都极其重要。

不良的阅读习惯既影响阅读效果，又影响阅读速度，甚至还可能产生一系列消极影响，比如带来身心健康的损害，导致厌恶读书情绪的滋长等。

读书时应该养成哪些好习惯呢？

1. 默读

大部分的阅读都是默读，不该出声时就要闭嘴，否则阅读的效果就会大打折扣。

阅读时出声，或者动口，都会降低阅读速度。由于口腔开合受大脑支配，尽管只动口不出声，此时大脑的关注点还是会分散一部分在指挥口腔上，而不能集中在思考、理解、记忆上，喧宾夺主，影响阅读速度。

动口读书不是好的阅读习惯，不仅影响阅读速度，而且影响阅读质量，应该加以克服。我们可以努力用意志控制，也可以尝试用自己的手指压住嘴唇，避免动口，逐渐地改掉这种动口读书的习惯。

2. 要点

在读书的时候，不要一字一字地逐个去读，这样不但速度慢，还会妨碍自己的注意力，影响我们对整句话意思的连贯理解。就像我们听人讲话的时候，没有谁是一个字一个字地听，而是一句话完整地听下来，从中抓住主要内容，连贯起来，体会一整句话的意思。阅读的原理与此类似，要一气呵成，抓住整句的意思。

3. 定力

在阅读中尽量不要用手指或笔尖之类在书上划动，尽可能让视觉有一个开阔地带，随着眼球的移动，大脑及时处理相关信息，此时头不能动，即眼动头不动，如果头部随着眼睛而动，会大大降低阅读速度。

如果有这样的坏习惯，就要努力克服，以形成自己的阅读定力。

4. 跳跃

任何人在阅读的时候都可能碰到生字、生词、不懂的内容。这不要紧，可以继续向下读，以避免干扰自己阅读的流畅，以及对整体的把握。

一旦遇到这种情况，可以采用下面的方法帮助解决：

（1）平时注意知识的积累，让自己大脑中字词库的存量加大，减少"卡壳"出现的频率。

（2）在阅读时暂时一带而过，在读完全部之后，回过头来"收拾"它，可以翻词典，也可以请教他人，这样就不会被它们影响阅读速度，也不会耽误理解内容，并且还可以留下深刻的印象。

5. 直进

经常有人在阅读的时候不断地反复，即读一句话或一段话过程中不是连续地读下去，而是不断回过头来重复，有时是重复几个字，有时是重复几个句子，这会让阅读的速度大大放慢，这可以理解为阅读主体对自己的阅读和理解能力不自信。经常回过头来读，让注意点落在旧的内容上，新的内容没有受到更多的关注，导致新的返读，成为一种恶性循环，有时一段文字返读再返读，导致时间浪费再浪费。

要坚决克服这种不良的返读习惯。但是必要的返读是可以的，因为有些重要内容或没明白的地方确实需要返读。还可以边读边想，直至读懂读通。

6. 线索

阅读材料内容重要，而它们的标题、序言、结语、说明、表格、图解等信息也很重要，不要忽视了它们所提供的信息，这样可以对阅读材料有更为完整的认识、了解和理解。

有的人平时不善于从这些辅助信息中抓住有用的线索，那么就要在日常阅读时尽可能地学会积极地寻找标题、说明以及特别字体、排版等。它们往往提供的是带有提示性的重要线索。而且普通文章的起始段、结束语等以及论述文的第一、二句概述语等，都具有这样的作用。

7. 卫生

趴在桌上、躺在床上、在行驶的汽车上读书都不是好习惯。时间一久，很容易带来近视、驼背等问题，对身体是有害的，要尽量避免。

有些人喜欢用手蘸着唾沫翻书阅读，这是很不好的习惯，尤其是公共书籍，使用率很高，你读来我读去，上面有很多细菌，会成为传染病的媒介，损害阅读者的身体健康。所以读书时要尽量避免这种坏习惯，读完书后也应该及时把手洗干净。只有在心理和生理都健康的状况下，脑力和精力旺盛，才能够更好地读书。

第三节　精读

一、精读的含义

什么是精读呢？读文章的时候逐字逐句、逐段逐节、深入细致阅读，弄懂弄通和把握基本概念、理论、观点以及全部内容，并进行研究与探索，这样的阅读就是精读。

精读通常是对那些重要且涉及学科和专业内容展开的阅读方式。这些内容与自己的学业、工作和职业关系密切，能够帮助自己建立起牢固的基础，并且在此基础上进一步发展。

朱熹曾说："大抵观书先须熟读，使其言皆若出于吾之口。继以精思，使其意皆若出于吾之心，然后可以有得尔。"

读书最好要做到"五到"：

（1）心到。集中精力，全神贯注阅读。

（2）口到。在朗读与背诵时，声音要清楚、响亮。

（3）眼到。眼睛及时聚焦，阅读仔细、认真。

（4）手到。边读书，边做笔记或者摘要。

（5）脑到。在阅读的时候，勤奋用脑，不断思考。

精读具有哪些主要特点呢？

（1）精读要带着特定而明确的目的展开，精读的内容多为一些极其重要的知识内容。

（2）精读速度相对比较慢，有些地方甚至需要反复读，而不能仅仅满足于读懂。

（3）配合阅读要做些批注、勾画等，有的地方还应该写读书卡片、笔记与心得体会等。

二、精读的内容

阅读教科书是最为典型的精读。教科书是学习的范本，要精读并牢牢掌握。学生们读教科书，可以采用如下精读程序：

（1）上课之前，略读课文，找出难点与问题等，为上课做好准备。

（2）上课之时，边听老师讲解，边在书上勾画、记笔记，理解讲课中的难点、重点、知识点。

（3）下课之后，复习上课的内容，牢记那些关键部分，比如生字词、重点内容、精彩部分、公式、定理、定律、推导、图表等，同时完成配合学习内容所做的功课练习。

精读教科书有点像蚕吃桑叶，细嚼慢咽，可以深度消化吸收。那些自我进修、自学成才的人士，也多采用这种方式读书学习。

除了教科书，那些围绕教科书编写的辅助教材与课外阅读材料等，都可以精读，但不一定要像读教科书那样细致。

专业人士由于工作与职业的需要，也要阅读图书资料，他们大多采用精读的方式，阅读的目的在于学以致用，是为了分析问题、解决问题而进行阅读。

对于某些自己喜欢的知识材料，以及为了某些特定的目的，也可以展开精读。对那些无关紧要的或者与自己联系不大的资料，就不一定要精读了，以免浪费自己的时间、精力。

三、浏览

浏览是对阅读内容进行总体快速扫描，它是为精读做准备，提前对要精读的内容有个大体了解，帮助我们抓主题与重点，了解大致结构。

浏览一般包括了解封面、封底信息及标题、作者、出版信息，了解内容提要和目录信息，了解前言和后记的信息等。

四、截取内容

一般精读都要截取某章或某节，通常是从头开始往后顺延，必要时也可以从后面截取、从中间截取。截取之后就要精读。

1. 扫读

扫读为精读做了前期的准备，扫读的目的在于抓住文章的关键词句、摘要、标题、图表、疑点、难点等重要信息。扫读时要尽可能留意该章的起始段和结束段，因为它们提供的大多为概括性的重要信息，扫读的目的就在于掌握该章的主要内容、重点、难点等。

2. 渐进

对截取的某章分节或分段，对截取的某节分段——精读，这是精读中最重要的步骤。在具体的精读过程中，可以按详读、思考和回顾三步进行。

第一步，详读。详读是指对文章进行细读，仔仔细细、认认真真地读，读懂、弄通文章中的点点滴滴，从字里行间捕捉作者提出的主要观点以及文章的实质内容。

在阅读进行过程中，可以提出疑问，从解决问题的角度去读。有时可以把标题稍加改换，让肯定句变成疑问句，使原来的标题成了问题，从问题入手展开阅读，目标明确，效果更好。

明末清初的文学批评家金圣叹是有名的读书批注高手，他最喜欢边读书，边批注。我们在详读时，也可以用符号和批注等帮助自己阅读理解，从而提示自己注意某些内容，给往后的复习带来方便。

在做符号和批注时，表现自己的偏爱与个性是可以的，不过最好不要喧宾夺主，把书弄成大花脸的样子，对以后阅读反倒产生阻碍，也不雅观。

做读书批注很有意义，因为它采用的是形象思维，符合人们的大脑工作原理，可以有效促进记忆阅读内容。通常，我们在复习时遇到做过批注的地方，很快就能顺着这些线索找到书中所要寻找的内容。我们可以把批注与符号看成是钓鱼时的鱼饵，一钓就能钓出大鱼来。

第二步，思考。详读材料可以边读边想，碰到疑难的地方，最好停下来，推敲、斟酌一番，对那些不懂的地方用笔做上记号，便于下一步处理。处理时可以采用以下几种方式：

（1）通过索引等，从该书其他部分来寻求答案。

（2）带着问题求助于教师、同学或者其他水平较高的人士。

（3）使用参考书与工具书帮助解决具体问题。

（4）某些不需急于掌握的内容，暂时存疑，以待必要时解决。

想象和联想可以帮助我们阅读思考，让我们不但能够了解与理解阅读材料，还能加深对阅读材料的记忆。

某些人读书是囫囵吞枣，急急忙忙地吞下去，但并不理解。自己丈二和尚摸不着头脑，大脑中什么印象也没有。

某些人读书则读读停停，读读想想，想想写写，点点圈圈，勾勾画画，在阅读中不断地联想与想象，从而加深了对阅读材料的理解，并且产生许多共鸣，进一步加深了印象，这是很好的读书方式。

联想与想象是阅读的重要手段，也是重要的思维方式，联想丰富，思维就会活跃，读书的效率就会高，记忆也会牢固。

关键是怎样去联想，可以用以下几种方式：

（1）把书本中的知识内容转换为现实场景，让具体内容活化起来。

（2）让阅读的知识材料与大脑中已经蕴含的知识相结合，加以比照分析。

（3）把阅读材料里某些抽象的原理、概念与具体的图像和实物联系在一起，展开丰富联想。

第三步，回顾。

在读完截取的内容时，就可以尽快地浏览、回顾一下。推开书本想一想，这些内容是否了解、理解？它们有哪些方面和层面的具体展开？这些方面或层面都包含着哪些要点？这些要点在该内容中的作用是什么？

回顾时，可以抓住一些关键词句以及要点等展开。回顾的内容可以进一步帮助理解和消化，回顾的方式最好是采用自己的方式，让自己对某些关键的信息加以重组，把存留在大脑中的零散信息整理、组合起来，形成较为完整的概念。

第四节　略读

一、略读的含义

对阅读材料加以取舍，来完成自己阅读目的的有详有略的阅读方式，就是略读。略读对读书学习有重要的作用。信息时代，资讯大潮汹涌，没有办法一股脑吸收，所以要对信息展开取舍，对那些主要或重要内容进行阅读。精读与略读配合使用，可以获得更好的效果。

不是什么内容都要略读。切记，略读是省略书中某些无关紧要的地方，选出重要或必要的内容进行阅读，千万不要把重要的内容省略不读，略读最好在下述情况下展开：

（1）某些阅读材料不需要精读。

（2）没有足够的精力与时间精读。

（3）阅读内容中某些部分同阅读目的关系不大。

二、略读的价值

要是在读书时面面俱到，什么也不舍得放弃，没有选择与侧重点，不掌握轻重缓急，平均使用力量，就会造成精力与时间的大量浪费。因此要采用略读的方法，把握详略，为自己赢得时间，提高效率，增强驾驭知识的能力，更有效地采用相关知识解决实际问题。

三、如何略读

通过对全书封面信息、提要、目录、序言、后记、图像、图表资料等加以浏览，从总体上了解大致内容。然后再接着浏览全书的正文部分，在浏览中选择省略和详读的部分，为下一步阅读做好准备。可以将挑选的内容做记号或折叠起来，便于在具体阅读时找到。

浏览只是一带而过，并没有具体掌握实质内容，不过它对进一步阅读起到重要作用，如果选择的内容不准确或错误，会直接影响略读效果，读得再好，抓不住要害，也会以偏概全，因小失大。

因此，不要轻视浏览的作用。对所选的内容，找准、找好，才能获得较好的阅读效果。

1. 挑选内容

哪些内容详读，哪些内容略读，在前面浏览时已经确定了，将需要详读的部分截取出来，采用精读的方式展开阅读，直到读懂、弄通。在阅读中，采用批注、笔记、卡片等方式，便于掌握阅读材料。

选取出来略读的内容，依据和详读内容的关系远近加以取舍，可以对所截取的详读部分进行补充与铺垫，以免让信息与知识内容脱节，造成断章取义的后果。

对那些与详读部分没有关系或者关系较远的内容，可以把它们暂放在一边，待有时间和精力时，再捡起来读。如果没有必要，那就把它们暂时放下。

2. 分层略读

略读的知识材料多为较大的篇幅或是书籍时，可以采用分层略读的方式阅读。

什么是分层略读呢？

每次围绕一个分中心或者是某个读书目的来找寻书中的相关内容加以阅读。接着，再围绕另外一个分中心或另一个读书目的，选取相关部分加以阅读，并以此类推下去。这样，一本书就被分成了若干层，每一次阅读一层，完成一个目的。一本书这样一层层读下去，等于是翻读了几遍。

分层阅读的方法是由中国人发明的。唐宋八大家之一苏轼提出了"八面受敌"读书法。他是一位博学多才、影响很大的学者和诗人，当时人们向他请教治学方法，他说他读书的方法是"八面受敌，一意求之"。他在读《汉书》时，所采用的是"第一次先揽其山川人物，第二次再究其制度典章，凡阅数次而始读讫"。

运用这种分层阅读的方法，把一本书列出若干专题，围绕着这些专题，各个击破，可以大大提高阅读效率。

3. 每章小结

每读完一章内容，都应该加以小结。可以利用小结重温某章内容，并加以记忆，为以后需要用到这些内容时打好基础。通常，书中每一章都应该是服务于全书，而相对独立存在的。每一章又是由多个小节组成的，每一节的知识点都是分散的。因此在阅读完一章中各节内容之后，要从总体上对该章进行总结。

总结的时候，就需要理顺、弄清获得的知识与思考，而且可以用笔记录下中心思想、观点、重点、难点、知识点、图表、公式等重要内容。

对那些重要文章或大块文章的阅读，也可以采用这种阅读方式进行。

四、全书总结

在读完全书之后更应该有个总结，这是对该书在前面小结的基础上进行全面总结。这种大总结的原理和前面每章的总结类似。

有的人读完一本书，就以为完事了，实际上远远不够，因为读书的目的是增长知识，或者是解决实际问题等，要是读完之后，书是书，自己还是自己，这种书读了有何用？这是一种不明智的行为，花气力一点儿一点儿啃完全书，却不肯再多花一点儿气力去把握全书，实在可惜。

阅读得到的信息储存在自己的大脑中，但如果没有加以归纳整理，就像一堆建筑材料乱堆乱放在那里，并不能发挥积极的作用。在需要用的时候，仍然是茫然无绪，不得要领。

对全书进行总结，能够清点自己掌握的内容有多少。总结的目的就在于更好地了解、理解、把握，更在于日后必要时帮助我们解决实际问题。

第五节　速读

一、速读的含义

对材料进行快速阅读，即采用超常的阅读速度和特殊技术进行阅读，就是速读。这种速读技术通常要经过专门的训练与练习，才可以掌握与运用。

速读不是走马观花、粗枝大叶、草草了事，速读既要求速度，又要求质量。没有质量的速度，称不上速读。乱翻一气，速度再快，也不是我们所说的速读。

速读是一种全新的、高效的阅读方式。速读和传统阅读是根本不同的阅读方式，是阅读史上的一大突破。人们掌握速读的技术后，可以比原来的阅读速度快8倍以上，大幅提升单位时间内的阅读和学习效率，并节省许多时间和精力，为日常读书学习提供很大的帮助。用这种速读进行泛读、略读或精读，也会比常人速度快。

这种速读技术在我国古代就已经出现，而且在人们的学习和生活中发挥着作用。《三国演义》一书中就写到了这种技术，说张松速读曹操的《孟德新书》，"一目十行"。他当着曹操的面，复述曹操这本兵书的内容，讥讽曹操这本兵书在四川人人都会，连儿童都知道，让曹操上了一个大当，当即烧毁了他自己苦心编出的这部兵书。

速读技术在西方的兴起，最早是从美国开始的，在 20 世纪 60 年代，它作为一种阅读方法在现代教学中加以运用。美国的信息化、网络化、数字化程度最高，人们为了适应这种高速度、快节奏的生活方式，必须大幅提高时间效率和吸收知识的速度与效率。正是在这种背景下，速读技术产生并且广泛传播开来。

在华人社会，速读技术被推广最早是在中国台湾地区开始的。在中国大陆，随着改革开放的深入，速读技术也与许多其他技术一起发展起来。相关人士组织了中国阅读学会、中国速读研究会等，着手研究与推广这一实用性很强的技术，受到越来越多的关注和重视。

二、速读的原理

现在，速读已经作为一门技术被推广及应用，要学会和使用这种技术，应该把握以下的原则。

1. 快速反应原则

首先要高度集中注意力，快速反应，使眼睛与大脑灵活自如地互相配合、协调一致。

2. 视读材料原则

不要出声，而是采用默读的方式阅读，这样可以使自己的注意力集中在关键的字词上面，其他内容一带而过。

3. 逐步提升原则

要在掌握速读原理之后，反复进行操作练习，由慢到快，层层递进，不断升级，最后培养出快速阅读习惯。

4. 掌握文法原则

平时对语言文法结构要多加留心，对连接词、副词等尽可能熟悉，以便在速读的时候自动略过，腾出时间来抓关键的地方。

5. 注意积累原则

如果平时对基础知识掌握熟练，速读起来就会比较顺畅。它们在速读的时候不断地、及时地闪现，为速读者架起桥梁，铺平道路，顺利地前进。

6. 广泛运用原则

这种技术可以在现实生活中广泛运用，因为我们的阅读材料形式多样，特别是用它来上网冲浪是最为得心应手的。

三、速读实践

首先要浏览除正文之外的所有信息，这同精读、略读大致类似。可以按如下程序进行。

1. 封面

浏览书名、作者、出版社等信息，让自己心中有数，大概了解该书是什么类型的作品，反映了什么主题，对自己目前或以后是否有用等。

2. 提要

全书的概要会体现在内容提要上面，这些信息能够帮助自己判断需不需要读这本书，读它的价值在哪里，是否可以读懂。

3. 目录

目录可以简要地反映出全书的整体结构，让人一目了然。看目录能够从整体上把握该书的大致内容，并与提要互相印证，判断要不要进一步阅读这本书。

4. 序、跋

序、跋反映了该书作者的有关信息，如作者的写作意图、背景、主旨等。了解这些，可以指导和帮助下面的阅读。

5. 正文

正文是速读的核心部分，对这一部分的阅读可以分以下三步进行：

（1）内容。快速扫读阅读材料，抓住大意，注意力高度集中，采撷那些重要的信息。快速分辨哪些内容需要注意，哪些可以一带而过。在能够了解与理解的基础上，尽可能加快速度，往前进行。

注意，我们这里所说的快，是指在可以了解和理解的前提下的快，而不是为了快而快。单纯的快却什么也没有读到，或者读到了却什么也没有留下，这样的快有什么用？这不是快，而是实实足足的"慢"。得不到任何知识，就需要推倒从头再来，不等于做的是无效劳动吗？这种无效劳动造成了返工，返工就是浪费。

（2）思考。在快速阅读的时候，大脑也需要进行快速的思考。所有的阅读都是为了了解和理解，了解和理解是为了更好地阅读下面的内容。没有阅读，哪里来的理解，没有理解，哪有必要阅读？什么也没有理解，等于什么都没有得到，就等于什么也没读，这样的"速读"就不是速读。

速读时要讲求量，同时更要讲求质，质、量并举，不能偏废。这就要求必须高度集中注意力，快速思考，更好地速读。

（3）加工。伴随着速读，读取、记忆与思考同时进行，而且依据前面的信息展开对后面内容的预测、推理，一旦这种预测、推理与书中的实际内容大致符合，就会使阅读的过程产生快感，所以应该建立自己丰富的知识体系，在这个基础上进行速读，让速读更快捷、更有效。对书中知识内容掌握越多，就越能抓住全书的重点，以及主要内容与轮廓，了解重点、难点与关注点之间的关系。必要时，对这些地方进行精读，把速读和精读结合起来使用，则效果会更好。

四、总结

读一篇文章或一部著作之后，一定要来一个全面总结。

总结可以帮助我们重温阅读材料的重要内容，促进记忆，同时还能让阅读者大脑中获得的零散信息更加系统，形成比较完整的认知印象。

总结就是运用个体的思维对书中的内容加以重组，通过加工、整理、记忆等，让自己的知识更加丰富，更好地帮助自己阅读。最好是用文字记录下来，并写出心得体会等。

五、速读技术训练

对阅读材料进行认知与信息加工的能力，能够帮助人们高效学习与工作。这种能力越强，效率就越高，成功的机遇就越多。

速读技术可以让读书的速度大幅提高，理解力也随之增强，思维能力也在这个过程中获得了锻炼。而且一旦养成良好的速读习惯，在以后的读书、学习及工作中都会有极大的便利。

此外，这种速读产生的正迁移效应，对人们以后学习其他语言也是非常有利的，可以说阅读中文材料能够快速有效，阅读英文、日文、德文等外文资料，速度同样也会较快。

1. 训练原理

速读的机理是怎样的呢？

在阅读的时候，人们的眼球向前运动，时动时停；在眼球停下来的时候，大脑会读取文字信息，在眼球运动的时候，则转向下面的文字信息。有人误以为眼球运动的时候也可以读取信息，这是错误的。只有在眼球停下来的时候，才接收信息。

眼球停下一次的时间大约 1/3 秒，通常这个时间可以阅读 1~7 个信息符号。这种眼球停顿时阅读的符号数量，叫作识别间距。

识别间距的大小，对阅读的速度来说非常关键，速读的快慢、质量等，都取决于这种识别间距。

所以说，扩大识别间距是我们提高阅读速度的核心。对所阅读的文字展开认知，让眼球按照词语、短语或短句，而不是单字向前移动，是实现速读的关键诀窍。

2. 转化

在阅读过程中，人们会采用不同的阅读方式，通常我们将其划分为三类：

（1）点式阅读。这种阅读是一个字一个字地往下读，它是以点为单位进行的，因此视野狭小，最大限度只能达到 5 个字符，因此它的阅读速度最慢，这种阅读方式通常只在精读时使用，普通情况下不宜采用。

（2）线式阅读。这种阅读是以整句或者句群为单位进行的，阅读时视野较宽，视区之间连成线，能够一目一行阅读，它的速度属于中等，比第一类快，比第三类慢。

（3）面式阅读。这种阅读是让整段或整面阅读材料同时进入视野，就是说视野里是一个面，不是点也不是线。这种以面为单位的阅读信息量大，速度快，每次最少也会读两行。这种阅读速度可以达到每分钟 1000~1500 字，某些速读高手甚至可以达到每分钟万字左右，速度非常惊人。

这种面式阅读的实质就是速读，速读主要是为了提高速度和质量，在这个到处提速与增容的时代是及时而适合的，它跟上了时代的节拍。

要将传统点式、线式阅读转变为面式阅读需要经过专门的训练，从扩大识别间距入手，逐步掌握面式阅读技能。

具体办法就是扩大点式阅读与线式阅读的视距，而且在视距内加大容量，不断增加，尽量把 16 个词分解为 6 个语意群加以认知，让眼停从原先的 16 次减少到 6 次，次数大为减少，而识别间距增大，使阅读速度大为提高。而且采用面式阅读让数量比较少的语意群替代整个句子，使语词之间的关系更为直接地体现，也可以迅速提高阅读与理解效率。

第三章　误区之三　学习痛苦不堪
对策　方法是最好的老师

学习学到痛苦不堪，究其原因，首先是方法问题，其次是能力问题，最后就是心态等问题。在学习的过程中，许多人方法不当，或用力不妥，导致学习效果不显，成绩不佳，造成身体疲惫，甚至很大的心理负担。真正的学习是愉快的，关键是要调动一切积极因素，学得法、有成效、胜任愉快。

让学习从苦难中解脱出来，就要用好的学习方法与策略指导自己的行动，并且引起自己的兴趣，有了兴趣之后，不仅不会觉得苦，反而会觉得其乐无穷。怎样才能拥有强大的学习力，从而拥有强大的竞争力？答案就是要学会学习。

学习方法的优劣，导致学习质量、效果大不一样；同时，即使同样的学习方略，在不同的人身上也会有不同的效果。所以说学有方法，但学无定法。成功的学习，绝不单纯是积累知识，而是在方法上的突破。知识积累只是量变，方法突破才能带来质的飞跃。

爱因斯坦说："我从来不欣赏一天到晚待在实验室里的科学家，正如我从来不鼓励盲目用功的学生，只要一点点技巧，我们就能用最短的时间做出最大的成绩。"

牛顿说："没有什么比读书更快乐的事，但我奇怪有人把读书当作最痛苦的事——也许方法不对，把一种快乐的事，变成了最痛苦的事。"

学习是我们获取知识、充实自己、掌握技能的一种重要方式。每个人都终身离不开学习，而学生的学习尤为重要。

真正的学习应当是胜任且愉快的，它让我们拥有把握知识、掌握技能、主导人生的能力。但是在具体学习的过程中，许多人方法不当，或用力不妥，导致学习效果不明显，成绩不佳，甚至造成很大的身体疲惫和心理负担。

这种情况的出现主要是没有掌握好学习方法与策略，也就是学习不得法而带来的恶果。搞明白原因就应该对症下药，扭转这种不利局面。这就要求我们运用适合自己的科学有效的学习方法与策略，并在实践中不断运用和改善，以达到最好的效果。学习方法与策略的重要性，前面的章节中已经论述过，这里不再重复。我们将主要从具体操作入手，来探讨和介绍怎样可以获得良好的学习效果，变不利为有利，让人们从痛苦不堪的学习中解脱出来，走上喜学、乐学的道路。

本章我们就记忆与听课两个方面加以介绍和讨论，而其他的内容将在相应的章节里专门介绍和讨论。

第一节　记忆

学习任何知识都是为了运用，要运用它就首先要记住它，什么都没有记住，用的时候自然一筹莫展，所以说学习与记忆紧密相关。

我们甚至可以说，学习很大程度上都要依靠掌握知识、积累经验的记忆过程，没有记忆，那些知识内容就不能保留在大脑中，所以记忆是保留经验与恢复心理活动的必要条件，为人们的学习、生活和工作发挥了重要作用。

要很好地记忆，就要了解和把握记忆的特点与规律。而且还可以对记忆进行测量，根据个人的记忆能力加以训练，不断提高记忆的速度和质量。

一、记忆的含义

记忆是个体把来自外界的各种信息刺激转变为电流信号，并以生物、化学变化等接收信号的方式，形成新的神经回路的现象。

很多人都有一个错误的认识：学习文科知识的基本能力是记忆能力，学习理科知识的基本能力是计算能力，事实上并非如此。无论是学习文科知识，还是学习理科知识，记忆都是非常重要的。在现实生活中，记忆同样有着重要的作用。

日本记忆专家小田晋在他的《论记忆力的科学》专著中提出："我们的一生，其实就是一条流动着的记忆链。一个人如果想不起从前的事，记不住现在的事，不能思索未来的事，那么，他的一生就是一片空白，可见记忆对人生是何等的重要。"

二、记忆的规律

德国著名心理学家艾宾浩斯对记忆的研究有过重要贡献，他通过大量的研究和试验证明，记忆和遗忘是有规律的，他把这一规律用曲线表现出来，形成了艾宾浩斯记忆曲线，也叫遗忘曲线（图 3-1）。这项研究成果被广泛沿用至今。

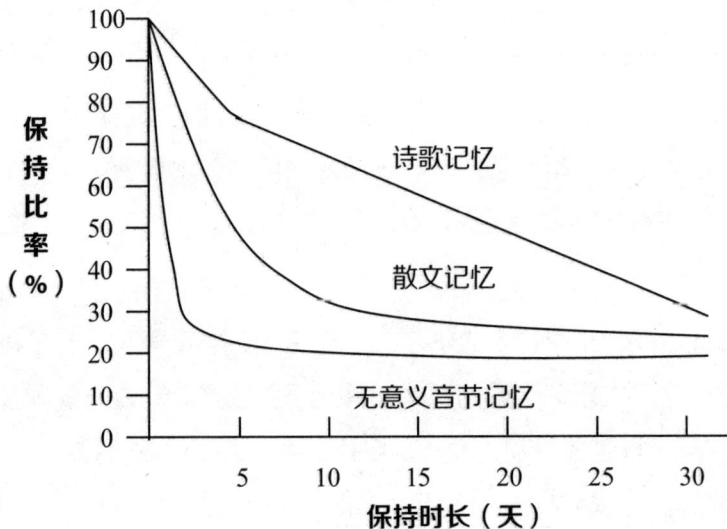

图 3-1　艾宾浩斯记忆曲线

大脑对不同程度的学习会产生不同的记忆效果（表3-1）。

表3-1 不同学习程度在4小时后的回忆比例

学习程度（%）	4小时后回忆比例（%）
150	81.9
100	64.8
66	65.8
33	42.7

从表3-2可以看出，人们在学习的20分钟之后遗忘率达到41.8%，1小时后的遗忘率达55.8%，到了9个小时之后达到64.2%。

表3-2 时间间隔与重新学习节省时间的关系

时间间隔	重学节省时间（%）
20分钟	58.2
1小时	44.2
9小时	35.8
1天	33.7
2天	27.8
6天	25.4
31天	21.1

由此可见，记忆内容在最初的时候遗忘最快，越往后遗忘的速度越慢。掌握这个规律，可以在记忆过程中采取相应的对策，在遗忘之前适时加以复习。在不同的时间点复习，产生的记忆效果有很大的区别，要抢在遗忘的高峰之前复习，避免在遗忘以后复习，否则就等于要重新学习，造成浪费。

错过复习的关键时间，正是许多人学了忘，忘了学，学了再忘，忘了再学，恶性循环的原因。这会让人产生害怕学习的情绪，甚至干脆放弃。对此，俄国著名教育学家乌申斯基指出："应该巩固建筑物，而不是修补已经崩溃了的建筑物。"

那么，在什么时候"巩固"最为有利和有效呢？

一般来说，在记忆内容之后9个小时内给予复习，效果较好。这时，大部分的记忆内容还没有丢失，用上10分钟左右的时间，能够达到5~10天后花费1个小时时间复习才能产生的效果。

当然了，在9个小时以后也要及时加以巩固。我在《超能学习法》一书中介绍的循环法，就是很好的巩固方法，大意是要像履带坦克那样，碾动着向前推进，在不断推进的过程中，对前面的内容加以复习。某一部分掌握了以后再继续向前，采用一种交替推进的方式学习。

那么，是不是反复越多，记忆的效果就越好呢？

答案是否定的。如果人们在记忆内容之后的1个小时内反复复习，是不会起到增强效果的。要记住这一点，抓住最佳复习时机，事半功倍。

三、记忆的方法

（一）记忆方法的原理

对记忆方法与策略进行研究，把握这些方法产生的原理和规律，可以让我们有效地借鉴、参考，并有选择地使用。千千万万的记忆方法，都是建立在下列十大原理基础上形成的。

1. 想象原理

对记忆材料展开丰富的想象，赋予这些内容象征性的意义，可以采用极度夸张的想象，不放过任何蛛丝马迹，把它放大或缩小到极限，产生新奇、有趣、特别、惊人的感觉，能够大大提高记忆效果。

2. 联系原理

把阅读对象中的内容与头脑中已知的内容进行联系，使该事物和他事物、确定事物和不确定事物之间，建立起广泛、深入与有趣的联系，从而加强记忆。

3. 创造原理

在记忆内容时，发挥创造性思维，将记忆内容的特征、价值、意义等给予创造性的发挥。发挥得越充分，记忆的效果就越好。

4. 感觉原理

在记忆具体内容时，让听觉、视觉、嗅觉、味觉等感觉参与其中，加强左、右脑之间联结，多通道吸收知识，使记忆更为深刻。

5. 色彩原理

将赤、橙、黄、绿、青、蓝、紫七种颜色附着在记忆对象上，用色彩强化学习内容，让记忆更加深刻。

6. 动感原理

用一些动作参与记忆的过程，以加强大脑皮层之间的联系，使平面的图像转化为立体的影像，形象化地进入脑海。要是能加上节奏与韵律，则更有利于记忆，所以人们在看电影、电视或表演时，容易记住有关内容。

7. 图像原理

用图像的形式来表现抽象内容，提高记忆的层次，获得较好的记忆效果。英国教育家托尼·巴赞发明的大脑地图学习法，就是很好地运用图像原理加强记忆的例子。

8. 专注原理

广泛、深刻地关注记忆内容，注意力高度集中，可以使记忆力获得提高。

9. 有趣原理

为记忆对象赋予某种新奇、有趣、荒唐、滑稽的情绪，也有利于更好地记忆。

10. 简要原理

将记忆对象加以简化，让复杂的内容简单化，简明扼要、生动形象，会比较容易记忆。

（二）记忆方法

要获得良好的记忆效果，需要在记忆内容时寻求最适合自己的、对应的记忆方法。下面我们将介绍一些简单常用的记忆方法。

1. 兴趣法

在要记忆的内容里，找出自己感兴趣的地方，借以激发自己对该内容整体的兴趣，加强记忆效果。人们最喜欢自己有兴趣的东西，这种东西进入大脑之后可以引起愉快的情绪，让人注意力集中，不容易烦闷。所以，要增强记忆效果，这种发掘兴趣的办法是很重要的。

2. 大意法

对记忆材料的大致意思进行记忆。这种记忆法通常使用在内容比较多，而且不需要太精确记忆的记忆对象上，如对一些长篇小说就可以采用这种方法进行记忆。这种方法不宜过多使用，因为它不能帮助我们训练与促进记忆力；但它又是必须掌握的，因为有很多内容我们只要大致了解就可以。

3. 精确法

对记忆内容进行精心记忆，全部记住。它是与大意法相反的一种记忆法，难度较大，要求较高，对教科书中的经典名篇、定理、公式等都要采用这样的方法记忆，不能出现任何错误。

4. 整体法

对所要记忆的内容系统地、整体地进行把握。有些内容对我们来说是常用的、基础的或重要的，就可以采用这种记忆法，让它牢固地印在脑海里。这种办法需要我们先读材料，然后在大脑中"放电影"。

5. 分块法

把记忆材料分割成若干部分，逐一攻克。分割出来的部分信息量较小，容易记住，等到每个部分都有所记忆时，再把它们组合起来，扩大记忆的基本单位。

6. 集中法

集中法就是集中注意力，攻克某一记忆内容。可以采用多次反复的办法来记忆，让记忆内容高频率地输入大脑，引起大脑的兴奋，从而加强记忆。这种记忆法可以运用在难度较大的记忆内容中。用这种方法学习外语，记忆效果也很好。

7. 分散法

把那些知识材料中较大块的内容分散开来，分几次或数次记忆，主要用在信息量较大的内容记忆中。在记忆的过程中可以休息，也可以在相对集中的时段内记忆这些内容，可以有效抵制注意力的消退与兴趣的淡化。

8. 选择法

根据自己的目的、要求，从记忆内容里找出重点，有选择地加以记忆。我们通常会选取那些具有重要意义和具有实用价值的内容去记忆。它的特点是：忽略不重要的内容，专注于记忆重要内容。

一般来说，这种带有明确目的的记忆活动，效果会比较好。记忆时既要集中精力，又要反问自己记忆这个内容的意义何在。

9. 情绪法

自我激发出对记忆内容的某种情绪，利用情绪改善记忆效果。就记忆主体本身来说，在乐观愉快的状态下主动记忆知识内容的效果较好。

10. 有序法

对某个记忆内容的各个部分进行记忆时，按一定的顺序排列，可以促进有效记忆。例如，我们在记忆一篇文章时，可以把文章划分成若干段，按一定的时间、长短，或重要性等顺序排列。即使没有顺序可言的内容，同样可以人为加以排序，进行记忆。

11. 口诀法

把某些记忆内容编成口诀或韵文加以记忆。这种方法可以把篇幅较长、数量较多的内容进行压缩，同时赋予趣味，既减轻记忆的负担，又可避免遗漏、强化记忆。

12. 辞书法

对那些不懂的内容不要装懂，"知之为知之，不知为不知，是知也"。不懂的地方就问别人，更好的办法是经常翻阅辞典、查阅资料，把它们搞个清楚明白，千万不要偷懒，得过且过。有人说，想学好英语，就要翻烂几本辞典，虽然有点夸张，但却不无道理。

13. 多通道法

从不同的通道对记忆内容加以吸收，如视觉、听觉、触觉、嗅觉、味觉等，也可以从学校、广播、电视、报刊、互联网等多种通道获取信息，这样可以让身体的多种感官参与记忆，展开协作，处理信息。这种方法在文科类的学习中使用较多。

14. 讨论法

两人或更多人在一起就某一记忆内容展开讨论，甚至可以争论、辩论，从而加深记忆。人们在讨论中会就某一问题展开深入思考，而且若干人有若干个思路、角度，大家协同解决同一问题，可以有效促进记忆。不过这种方法不宜频繁使用，因为它需要花费许多精力去组织协调；而且也不宜人数太多，否则既浪费时间，又很难控制场面。

15. 分类法

把内容按类划分，加以记忆。有的记忆材料内容多而且杂，我们可以根据结构、性质等不同的依据，灵活划分归类。这种方法的原理是让人在记忆过程中增加思维的过程，调动自己的知识积累进行分类，这更利于有效记忆。分类过程也许并不容易，但只要有心，就一定能找到办法，而且在这个办法展开的过程中，就已经在进行有效记忆了。

16. 简约法

把记忆内容中的重点与框架抽出来，加以压缩，挤干水分，留下干货，这种简化是建立在分析、总结、综合、归纳基础上的，可以抓住本质的和精华的内容。我们可以用缩略语或代号表示丰富的内容，但要准确、适度，不要缩略到自己都没有办法把握其内涵。

17. 卡片法

把记忆内容抄在卡片上随身携带，及时温习，既方便记忆，又增强记忆乐趣。这种方式也可分为长期与短期两类内容，长期的主要是记忆公式、定理、定律等，需要定期拿出来复习；短期的主要是集中在某个时段内，卡片上的内容记住一张淘汰一张，所要记忆的内容随着卡片逐步减少，而记住的内容逐步增多，这样可以提升兴趣，增强记忆的信心。

18. 回忆法

在记忆的过程中，把记忆内容覆盖住，尝试着去回忆，一遍一遍记忆，一遍一遍尝试，几个回合下来就能记住了。如果有些地方没有完全记住，可以再回过头来看一看，根据回忆内容、记忆的程度加以调整。在读完记忆内容一两遍后马上尝试回忆，可以激起探索的兴趣。

19. 累进法

将记忆内容分成几部分，先记第一部分，记住了再记第二部分，并且是与第一部分结合起来记；然后再把第一、二部分结合起来记第三部分，以此类推。它与"分块法"不同，需要在记后面的同时复习前面，避免记忆内容衔接不上。要注意的是，不要前面记得很清楚，后面却因为没有太多的时间去复习而草率记忆，导致记忆模糊。解决这个问题的办法就是不断地向前推进，让记忆最后和最前面的部分产生联结。

20. 意义法

给那些没有意义的、抽象的内容赋予一定的意义。这种方法可以用来记忆数字、人名、年份等，或者是非常难记的内容与比较抽象的内容，不宜过多使用，否则会过于复杂，反而增加了记忆负担。

21. 录音法

把记忆内容录下来，边听边记；也可以把它拍摄下来，边看边记。这种方法可以模拟真实环境，可以反复听、反复看，可以感受到一定的语音、语气，形象记忆效果较好。很多人在学习语言时会采用这种方法。

22. 比较法

对记忆内容中相同、相似或截然不同的部分进行比较和对照。比较的过程可以促进思维的深入，加深印象，同时锻炼了思维能力和记忆能力。

23. 推理法

掌握某些基本内容，再根据这些内容，按照某种联系推断后面的内容，它在自然科学类的学科中使用得比较多，如数学公式、物理与化学公理、定理等，如果用推理法记住这些内容，就避免了死记硬背产生的枯燥无味，可以较容易记住，并且在使用时减少出错的可能。

第二节　上课

有些人上课时不太注意方法与策略，以至于听课的效果不理想，影响学习质量，给课后的作业带来麻烦，对整体的学习成绩提高是不利的。一个好的学习者，课前要有充分的预习，课上要有积极的态度和方法，课后要有及时的复习。

一、预习

预习是学习的重要一环，是学习的序曲，可以为学习奠定基础，不容忽视。其作用如下：

（1）可以加深对学习内容的印象。预习也可以看作一种学习，上课的时候再学一遍，增加了大脑对知识的思维处理，而带来较深的印象。

（2）发现问题有助于听课。预习时遇到疑点、难点是常有的事，心中有数，听课的时候就会主动、积极地集中注意力，听老师讲解，解决这些问题。

（3）预习可以看作一种提前自学。学习的大部分时间还是由个体进行的，但这种自学需要以老师系统讲解为基础，不懂的地方老师可以帮助解决。这种主动学习能力的培养，可以帮助我们以后学习更高深的知识，事业上取得成功。

（4）预习可以增强自己的主动性和独立性，避免事事处处依赖老师，积极主动地投入学习，培养自立、自主、自尊、自强、自律的品质。

二、听课

（一）积极听讲

就算是在同一间教室里学习的同学，听课效果也会不同。听课效果好坏取决于听课是否得法。我们强调上课的时候要态度积极，努力做到"六到"：

（1）心到。上课的时候集中精力，用心体会。

（2）耳到。专心听讲，老师讲课的思路很重要。

（3）眼到。随时注意老师在黑板上写的内容，这些往往都是经过精心筛选的重要内容。

（4）口到。老师时常会边讲课边提出一些问题，引起听课者的注意。此时，我们要把握机会主动回答，没有机会也可以在心中默答。

（5）手到。及时记录老师讲课的重点、难点以及自己的心得体会，不要让它们白白地从手下溜掉了。

（6）脑到。紧跟老师讲课的进度，积极主动地思考，掌握老师讲课的内容，锻炼大脑思维能力。

（二）坚持出勤

保证出勤不仅是学校对学生的要求，也应该是一个学生对自己的基本要求。出勤的作用在于：

（1）它直接影响学生接收知识、发现问题、分析问题与解决问题。

（2）激发出对学习的兴趣。学生们聚在教室里，学习气氛浓厚，大家都遵循自己的角色定位，容易进入学习状态。

（3）上课一般都是在上午和下午进行的，这些时间段注意力最容易集中，记忆效果最好，用来听课，会事半功倍。

（4）增强注意力，提高思维能力，养成积极上进的良好习惯，形成坚持不懈的意志力。

（三）注意听讲

1. 紧追

老师讲到哪里，自己就要跟到哪里，大脑要保持高度兴奋，跟着老师"走"的同时，也要有积极思考的心理活动参与进去。

2. 抓要害

老师讲课的内容，一定有许多重要的东西，如重点、难点、知识点，有的时候它们并不明显，有的时候老师会提醒，抓住这些重点，听懂、弄通，可以说这节课就是大有收获的。

3. 比较

对老师讲课的内容和自己预习时所学的知识加以比较，在这个过程中积极展开思考，印象会加深，不明白的地方，老师略作指点，则很容易记住。

4. 质疑

有问题的地方尽管大胆质疑，质疑是为了更好地学习，为了检验与锻炼思维能力，培养主动思考、热情追求知识的良好习惯。质疑要有勇，也要有谋。

5. 巩固

在老师书写板书、穿插内容、暂时停顿的时候，可以积极展开思考，及时消化吸收，巩固前面讲的内容，使自己成为一个积极的参与者，而不是被动地接受。记笔记也是当堂巩固的重要方法。

6. 戒除陋习

有的学生听课时有很多坏习惯，往往会影响听课效果，浪费了宝贵的上课时间。因此我们要下决心努力改掉以下一些不良习惯：

（1）不感兴趣。有的人对某些学科不感兴趣，或者是不理解老师讲的内容，就在心理上给自己找个理由作为借口，不认真去听老师讲课。这是不明智的，不可能所有的内容都是自己感兴趣的，没有兴趣也要坚持去学，才能成为一个合格的学习者。

（2）心不在焉。学习的时候精神涣散，不思上进，老师讲课时自己随便听听，不懂的地方也不当回事，让老师精心准备的内容白白从自己的面前溜走，丧失了学习的大好机会。要改正这个毛病，就要加强学习动机，让自己积极主动接受知识。

（3）喧宾夺主。老师讲课的内容，既有干货，当然也有一些辅助性的内容，这些内容可能是生动的例子等。会听的人听门道，不会听的人听热闹。如果不去思考老师所讲例子的落脚点，进而加深理解基本概念、论点、原理等，仅仅热闹一场，真正的知识没有得到，岂不是得不偿失？

要解决这个问题，就要既听门道，又听热闹。听课是学习中很重要的一环，心态要端正起来，积极投入，随时将注意力放在老师讲课的重点内容上。

（4）逆反心理。对老师所讲的内容或观点不能认同时，有人会产生心理排异反应，甚至会反应过度，不去听讲。遇到这种情况，应该尽量控制自己的情绪，理智地去处理，而不能一味地凭着感觉走；更要有包容心，即使有自己不同意的地方，也要去了解它，只有了解了才能知道它是不是有道理。

（5）交头接耳。有时候老师讲的内容可能引起自己的共鸣，也可能引起自己的怀疑，这时候，有的人总想说点什么，或者与旁边的同学商量、讨论一下，于是凑到别人耳朵边窃窃私语，或者写纸条，搞些小动作，既破坏了课堂纪律，又影响自己听课。要解决这个问题，可以在自己有所感触时暂时记下来，下课的时候再说。

（6）心存偏见。有的学生可能对某位教师的形象、衣着、谈吐等不认同，可能会觉得他这样的人讲不出名堂来，这就是偏见。教师的水平不在于外貌和形象等，而在于其本质和内涵，何况教师为人师表，不去花气力追求外表也是正常的。也有可能对老师平时对自己的态度不满意，心里不服气而带有偏见。无论哪一种都是要不得的，学生从老师身上学的是知识，而不是老师外在的某些东西，不要吹毛求疵，耽误自己。

（7）排除干扰。上课时，大家在一起，人多可能会有某些干扰的情况，如有人在前面晃动、讲话、出声，还有周围的汽车喇叭、叫嚷声等，很难完全避免。这时就要有定力，耐得住，尽量避免外来干扰，专心地听课。只要自己专心了，就能排除其他因素的干扰。

（8）信心不足。可能有的人觉得自己天分不够，条件不好，环境不理想，自己很难跟得上别人，所以差点就差点吧，于是消极听课。其实是大错特错，人的能力不是一成不变的，每个人都可以通过努力改变自己，力争上游，甚至名列前茅。对学习的信心不足，反而是造成成绩不好的重要原因，要坚决克服。

（9）自视过高。有的学生会提前自学，事先对老师讲的内容有所了解，就认为不需要听课了，其实可能只是懂了点皮毛。而老师的课堂讲授，不仅是经过专门备课的过程，更包含了老师本人，甚至是教师群体的丰富经验在里面。这样的课程，难道不值得认真聆听吗？就算提前自学过了，也要细心听老师讲的内容，是不是有新的角度？自己的知识掌握得是不是牢固或全面？要加以比较和验证，而不能一叶障目，不见泰山，聪明反被聪明误。

（10）不求甚解。有的学生听老师讲课，蜻蜓点水，听了一点儿就觉得都会了，开始做别的事情或是看别的书，没有耐心与恒心继续听讲。要知道，老师讲课总是由浅入深，步步深入，如果听了前面，不知道后面，岂不是把大头给丢了？就像吃甘蔗先从梢子吃起，越往根上吃才越甜，不去吃根，怎么能算是吃完了甘蔗呢？因此要全力以赴，坚持听完全部课程。

这些陋习，只要染上其中一种，就可能会接二连三越滚越多，弄到周身毛病，再想去改，何其难哉。所以，发现自己存在上述问题的学生，应该迅速下决心戒除，力争做一个优秀的听课者。

三、笔记

听课时一定要记笔记，好的笔记不仅可以帮助我们提高听课质量，还能为复习提供材料，为以后考试带来方便。

美国的迈克尔·豪威博士对笔记深有研究，他根据笔记效果，提出"金字塔式笔记"

的概念，处于塔尖上的笔记效果最好，最下面的效果最差，可以用图 3-2 来表示。

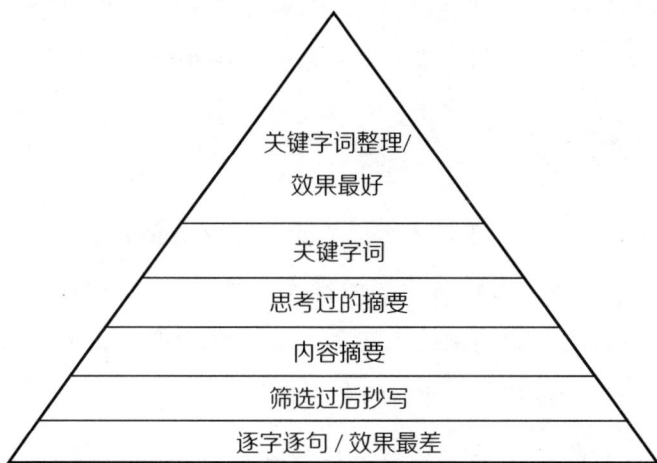

图 3-2　金字塔式笔记

1. 6R 笔记法

6R 笔记法是国际上较为流行的一种笔记法。6R 笔记法实际上就是 6R 学习法，它可以用在所有的教学与学习中。具体操作方法就是将笔记本的页面中按照 3∶1 的比例，分成不对称的两半，中间用一条直线分开，大的一边作为记录栏，小的一边作为回忆栏。

记录的时候，把重要的内容记在记录栏中，它是笔记的主要部分。课后，把听课内容的关键词写在回忆栏中。两边相互对应，相辅相成。这是一种科学有效的记笔记和学习方法。

为什么叫 6R 笔记法呢？

"6R"代表 6 个英文单词：Recollect、Record、Reduce、Recite、Reflect 和 Review 的首字母。这 6 个词语组成了一个完整的过程，既相对独立，又相互联系。具体步骤如下：

（1）Recollect（回想）。在上课之前，用几分钟时间来浏览上一次所记笔记的内容，回忆一下以前学过的知识，这可以让以前学的知识同即将学习的知识联系起来，而且使自己能够清楚所学内容的进展情况，把一个一个单独的知识点联结起来，构成一个比较完整的知识链，进而构筑知识网络体系。这样完整地把握知识，比单个地把握知识完整得多，效果要好得多，让我们不会孤立地看待问题。

（2）Record（记录）。听老师讲课的时候，尽可能多记下老师讲的重点、难点、知识点，比如概念和一些重要的论据等。这些内容是听课也是学习中要重点把握的对象。把它们记在笔记上，可以及时、反复地复习，进一步牢固地掌握它们。

（3）Reduce（简化）。下课之后，尽量早些把记录栏记录的内容进行精简，由繁化简，也可以理解为对记录内容的摘要，写在记录栏相关内容旁边的回忆栏里，以便进一步复习、思考或者背诵等。简化的过程可以澄清与把握内容同概念之间的关系，从而加深理解、记忆与印象。

（4）Recite（复述）。遮盖住记录栏中的内容，把回忆栏中的摘要部分作为线索，复述学习中的重要内容，即老师课堂上所讲的概念与论据等。接着打开记录栏，对比、检查自己复述得是否正确，在这个过程中，可以有效地让知识从短期记忆转化为长期记忆。

（5） Reflect（思考）。把对所学知识内容的笔记进行理解、消化后得出的想法、意见、经验、体会、心得等，单独记在笔记本的某个地方，或者是卡片上，给它们加上标题、加上索引，列成提纲，可以随时分类归档。尤其要把主要的概念编成类和目，便于复习。不过，一定要把自己思考的心得同所记的笔记分开来写，以免时间一长，将二者混淆。

（6） Review（复习）。每个星期用大约10分钟对笔记进行快速复习，减少因时间长产生的遗忘，记住笔记中的大部分内容，可以有效地改善学习效果，减轻考试之前过于集中的复习压力。笔记记得好、复习及时，记忆就会牢固，对知识的掌握和运用也较为有利。

有人可能一开始不习惯使用6R笔记法，但只要对照实施，渐渐就会习惯。一旦习惯，用起来就很顺手，可以非常有效地帮助学习。

2. 符号替代法

可以用一些简单的符号代表某些字、词，提高记笔记的速度。如表3-3所示。

表 3-3　符号替代示例表

符号	含义	英文	符号	含义	英文
?	问题	Question	>	大于	more
A	答案	question	<	小于	less
≈	大约	about	W/O	没有	without
=	等于	equal	↑	增加	increase
∵	因为	because	↓	减少	reduce decrease
∴	所以	therefore	+	加、并且	Plus
←	原因	reason	VS.	对抗	versus
→	结果	result	i.e.	即	that is
!	重要	important	cf	比较	compare
etc.	等等	etcetera	esp.	尤其	especially
·	重点	Key Point	△	变成	become
£	和	and	e.g.	举例	for example
pf	证明	proof	NB	注意	Nota Bene
⌣	大概	approximately	p.s.	附注	postcript

第四章 误区之四 以学为主 对策 学·习·用

　　学习知识的目的主要是运用知识。学习常被简单地理解为"学"，但实际上学只是掌握知识最初的行为方式，而紧接着应该是习，即把学到的知识充分地加以练习、应用，真正掌握它。学习应该是一个"学—习—用"的完整过程。学而不习，等于没学；习而不用，等于没习。

　　人们所说的学、用结合是很有道理的，问题是人们往往学大于用，真正有作为、有成就的人，一定是学、用并举。实际上，学习的终极目的就在于运用，在于把知识变成自己知识结构的一部分，转化成自己的智慧，这才真正实现了完全意义上的学习。

　　这里的学习不仅是知识的学习，也包括如何学习知识，即元认知的学习，学、习、用并重——这是我们突破这一误区的根本对策。学会运用优良的学习方法与策略，才能找到适合自己的途径来展开学习。

"以学为主"，对于学生来说，这句话似乎没有错，从表面上看学生的确要以学为主，学是他们最主要的任务。但是细细琢磨起来，却存在很大问题。原因在于，学习知识的目的是运用知识，而"学"只是达到"用"这个目的过程中的第一步，紧接着应该是"习"，也就是把学到的知识充分地加以练习、真正地掌握。经过这两个步骤，才有可能把新知识变成自己知识结构的一部分，转化成自己的智慧，提高自己的能力，真正实现完全意义上的学习。

所以说，以学为主的观念和做法是阻碍我们学习取得最佳成效的一大误区。而突破这一误区的根本对策就是——学、习、用并重。为什么要学？学是为了用。怎样才能用得好？那就需要多练习，没有"习"，"学"就落不到实处，也就更说不上"用"。"习"是"学"和"用"的纽带。"用"是最根本的目的，也是"学"的最后归宿。

这里我们所说的"用"主要体现在以下几个方面：

（1）运用知识完成课堂练习和课后作业，在练习和作业中进一步理解和掌握知识，这实际上也是对知识的巩固，促使其转化为自己知识结构的一部分。

（2）在现实生活中对知识加以运用，使自己的能力在学、习、用中得到升华，转化为自己分析问题、解决问题的能力。

（3）创造性地运用知识，展开创造性的思维和创造性的劳动，充分地体现我们的创新能力，实现更高的人生价值。

第一节　真正的学习

一、学习的目的

什么是学习？学习是以语言为中介的，实现自觉、主动掌握社会与个体经验的实践。

学习的目的首先是为了生存与发展，我们在学习中了解知识、掌握知识、运用知识，使自己成为一个在社会中有所作为的人才。具体来说，学习的目的表现在以下几个方面。

1. 掌握知识

知识是在人类发展过程中对自然、社会以及工程技术方面的认识长期积累的智慧结晶，它们通过图书等不同类型的载体呈现在我们面前。而我们需要一定的方式去掌握知识，让那些最基本和最主要的知识内容、前人的丰富经验进入自己的知识结构。

古今中外许许多多伟人、天才、杰出人士，包括科学家、政治家、文学家、工程师等，无不是掌握了人类大量的知识经验，从而创造了丰功伟绩的优秀的学习者。例如：大发明家爱迪生经常会围绕着一个发明的中心去搜集大量资料，吃透这些资料，从中受到启发，再进行深度加工，最后完成创造发明。如果没有前人积累的相关知识，没有他潜心学习的这种积极态度，没有努力把这些知识变为实际解决问题的动力和精神，那他的创造发明是根本不可能存在的。

现阶段，科学技术获得了巨大的发展与进步，人类正处于知识爆炸阶段，知识增长的速度可以用日新月异来形容，所以我们必须加强学习，了解现代科学技术的新成就、新进展，毫无疑问，这些都要靠学习来实现。

2. 提升智力

我们学习知识是为了把知识变成自身知识结构中的一部分，转化为自己的智慧。我们的多种智力因素都会参与学习活动，在诸多智力因素中，思维能力是最为核心的因素。也就是说，思维能力在学习过程中起着极其重要的作用，在学习过程中自始至终贯穿着思维活动，甚至可以把整个学习过程看成是思维的过程。因此，我们的思维能力在学习实践活动中能够得到锻炼、得到加强、得到发展，同时，观察力、注意力、记忆力、想象力、实验力、操作力等也都获得充分的锻炼与提高。

每个人都希望自己能够更聪明、更智慧、更有能力。怎样把这种良好的愿望转化为现实呢？最重要的途径就是学习。诸葛亮充满了智慧与力量，《三国演义》中对他有出神入化的塑造，他的智慧从何而来？可以说，与他在隆中读书积累的知识密不可分，如果没有隆中读书，就没有后来誉满天下的诸葛孔明。

3. 提高自己的综合素质

学习可以帮助我们建立起思想素质、专业素质、文化素质、身心素质、智能素质的综合体，它是完善自我最重要的途径和方法。

每个人的思想道德品质、行为规范都会受到社会环境的影响和制约，人们在日常生活中学会了许多知识，并且转化为自己的行为和习惯。中华民族历来讲究礼、义、仁、智、信，而在当代社会中我们也要求德、智、体、美、劳全面发展，而这些都需要通过学习才能获得。

学习还可以帮助我们克服心理上的消极因素，充实我们的精神生活，人们在生活中会遇到这样那样的烦恼、忧虑、迷茫与失落，这需要我们能够在学习中掌握某些方法来对症下药，转移视线，调节心境，让自己的心灵摆脱困境，重拾自信，走上积极上进的人生之路。

二、学习的规律

对于任何事物，我们都要透过现象看到它的本质，从本质上寻找规律，把握这些规律来更清晰地了解这个事物，并在需要时运用这些规律，学习也不例外。学习活动有哪些基本规律呢？

1. 学习与思考相结合

根据认知神经科学的理论，我们对外界输入的信息进行接收、编码与储存之后，可以让信息内化，融合进自己的知识结构，成为我们智能的组成部分。也就是说，在实际学习过程中，需要学习与思考紧密结合在一起，才能算是有效的学习。

我国古代思想家早已对此有所提及，孔子有云："学而不思则罔，思而不学则殆。"王夫之说："致知之途有二：曰学曰思。学则不恃己之聪明，而一唯先觉是效；思则不徇于古人陈迹，而任吾警悟之灵……学非有碍于思，而学愈博则思愈远；思正有功于学，而思之困则学必勤。"

思考在学习中具有举足轻重的作用，科学巨人之所以成为科学巨人，是因为他们在学习与观察事物上从来不是蜻蜓点水，而是从感性知识深入到内涵，勤于思考、善于思考，发现本质的内容与内在联系，进而去发现、发明与创造。爱因斯坦说："学习知识要善于思考、思考、再思考，我就是靠这个学习方法成为科学家的。"牛顿说："如果说我对世界有些微贡献的话，那不是由于别的，却只是由于我辛勤耐久的思索所致。"

2. 学习与实践相结合

所有的知识学习的最终目的都是分析问题、解决问题，也就是实践。信息的接收、理解与掌握，是学习的初级目标。在具体的操作过程中运用知识，让知识发挥作用，去寻求问题的解决才是学习的根本目标。教育家朱熹说："学之之博，未若知之之要；知之之要，未若行之之实。"著名教育家陶行知说："先生拿做来教，乃是真教；学生拿做来学，乃是真学。不在做上用功夫，教不成教，学也不成学。"

3. 循序渐进地积累知识

知识有纵横之分。什么是纵呢？就是指知识的发展与深化。什么是横呢？就是指知识的相互联系与渗透。知识总是从低级发展到高级，从简单发展到复杂，相互之间有许多交叉与联系，不会孤立存在。所以我们要持续不断地积累知识，实现从量变到质变的转化。因此古人云："不积跬步，无以至千里；不积小流，无以成江海。"

4. 深受自然与社会因素影响

我们都生活在现实生活中，会受到社会环境中方方面面因素的影响。如果社会风气正，人们的生活比较稳定，那就容易带来心态的稳定和学习的激情；如果社会环境恶劣，干扰过多，那么人们就很难专心致志地读书。昔日有孟母三迁的故事，孟母为了让孩子在良好的社会环境中接受教育，三次举家搬迁，传为千古佳话。

自然环境对人们学习的影响也是不容忽视的。人在自然环境中生存，就不可能避免受到自然环境的制约。我们首先要适应，然后是利用，最后是改造，变不利为有利。人们还会受到某些遗传因素与生理因素的影响，这也属于自然因素对我们的影响，不过它们是可以通过后天努力加以改善的。同时，人本身的自然属性同样对学习有所影响，我们要尊重这些规律，例如，要适当休息，摄取丰富的营养，这些都会影响到学习的效率。不过，人具有相当强的可塑性，没有条件可以创造条件，环境不好可以迁移、改变，逆境也可以成才，这样的例子数不胜数，所以不要唯条件论，要充分发挥自己的主观能动性。

三、大学习观

我们常说的"学习"总是局限于学校的学习，但实际上，在实践中的学习更为重要，更应该引起我们的重视，我们应当树立起一种"大学习观"。

（一）创造学习

由接受性地学习到创造性地学习，这是一个根本性的转变。传统意义上接受学习主要表现在对知识经验被动地接受，主要是学会知识。而创造学习则是在学习过程中对知识主动去发现与吸收，并善于在学习的过程中强化自己的能力，主动应对生活中千变万化的需要，让自己学会学习。在知识经济时代，掌握新知识、把握新信息是每个人都要面对的重要问题，因为它是创新必须具备的能力。

创造性学习有哪些主要特点呢？

1. 创造性学习是积极主动的学习

创造性学习需要有明确的学习目标、积极主动的学习态度，发挥主观能动性，调动自身各种积极因素，挖掘潜力，把知识转化为自己的能力，而且主动地在实践中加以检验。

2. 创造性学习是有选择的学习

创造性学习需要有选择地接收外来的信息，选择那些有价值的知识充实自己。尤其是要根据不同社会需求，积极参与学习过程，把社会需求作为自己的主攻目标，建立一种适应社会发展需求的知识结构。

3. 创造性学习是具有创造性意义的学习

列夫·托尔斯泰说过："如果学生在学校里学习的结果使自己什么也不会创造，那他的一生将永远只会模仿和抄袭。"

传统的学习是继承式学习，是对人类长期积累起来的知识的认识和吸收，而创造性的学习则是在学习知识时学深、学透、学活，触类旁通，并且不"迷信"于知识和权威，发挥自己的思维能力，从知识内容之间的联系开始探索，提出新问题、新见解、新点子，进而把知识运用于现实生活中。

（二）终身学习

大学习观的第三个方面是终身学习，终身学习的意思，就是让学习从传统意义上某个时段内的学习转变为不受时段限制的终身学习。孔夫子有云："吾十有五而志于学，三十而立，四十而不惑，五十而知天命，六十而耳顺，七十而从心所欲，不逾矩。""发愤忘食，乐以忘忧，不知老之将至。"联合国教科文组织在《学会生存——教育世界的今天和明天》报告中指出："我们再也不能刻苦地一劳永逸地获取知识了，而需要终身学习如何去建立一个不断演进的知识体系——'学会生存'。"

诚然，一个人要在现代社会中求得生存和发展，唯一的办法就是学习、学习、再学习，终身学习。

1. 为什么要终身学习？

（1）在知识经济时代，知识的发展突飞猛进，估计未来 30 年，知识总量将猛增到现有总量的 100 倍以上，知识迅速地更新、淘汰，一名大学本科生学到的知识约占生活中实际需要的 10%，另外 90% 都要在日常生活中继续获得，只有不断学习，才能不被社会淘汰。

（2）知识型劳动者将逐渐取代传统的体力型劳动者，成为生产劳动的主体人群，拥有知识成为工作和创新的实际需要，终身学习成为人们生存的必要手段。

（3）知识经济时代，原有的职业可能随着社会的发展而被淘汰，人们为了适应这种发展的形势，在变化的社会中凭借新知识获得就业的机会，就不可能再躺在以前的知识温床上高枕无忧了。

2. 知识经济时代不相信学历而相信"学力"

学历只代表过去，而不代表现在和未来。过去，拿到学历学位证书，似乎就等于进了保险箱，随着社会的变化，知识的更新，这种"保险箱"不再保险，世界各国纷纷主张建立学习型国家、学习型社会，社会上则兴起起学习型企业、学习型组织，甚至学习型家庭，形成一股终身学习的热潮。我们应该适应这种发展趋势，让自己成为新时代的"弄潮儿"。

第二节　作业

一、作业的原则

学习任何知识都是为了理解、掌握以及运用，可以说，运用才是学习的根本目的。短期来说，学习的效果需要靠作业去检验，因此作业绝对不是可有可无的。做作业一方面是要完成老师交给的任务，另一方面也是提高自己能力的必要途径。有的人效果好，有的人效果差，后者可能是因为方法不当，或没有弄明白所学的知识等，需要再花精力去学，前者只要遵循以下一些做作业的原则，就可以获得更好的效果。

1. 数量得当

作业的量一定要适当，蜻蜓点水或题海战术，效果都不会好。量太少，缺乏一定数量的感性积累，就难以把握规律，从感性认识上升到理性认识。量太大，耗费大量精力与时间，会使身心疲劳，反而降低效率。所以说，作业的量要讲究适度。

2. 保证质量

做作业时一定要认真、专注，理解每道题所考查的知识点，抓住每道题的内在规律，做一道题就有一道题的收获，另外再由一题类推到相似的问题上去，触类旁通，举一反三，更好地锻炼自己的思维和解题能力。

3. 一题多解

从不同的角度，运用不同的知识展开思维攻势，去解决某一特定的问题。当然，首选还是那些最为科学与简洁的方法。

4. 内外并举

课堂练习同课后作业同样重要，不能厚此薄彼。课堂作业可能因为刚学，又是基础内容，大脑没有忘记，做起来感觉较为容易、顺手，但也不能掉以轻心，随意应付。课后作业是对知识的综合运用，可以检验各个知识点以及知识点之间的相互联系。但由于相隔时间较长，做起来可能会觉得有难度，正是因为这样，更不能投机取巧，尽量把所有相关的知识点重新温习一遍，然后完成作业。

5. 目标明确

老师布置的作业或课本及参考书列出的相关习题，都可以帮助自己加强、巩固与检验学习效果，没必要到处去搜集习题，无边无际的题海会使自己茫无头绪，反而难以达到最好的作业效果。

6. 加强积累

把握知识的内部规律，总结经验和教训，可以帮助自己进一步掌握知识、解决相似问题，并且为应对考试打下良好基础。经验对于任何人来说都是很重要的，平时一定要注意总结和积累。

7. 自力更生

千万不要为了省事，搞抄袭的把戏，这种不负责任的态度和方式，表面上好像是把老师对付过去了，实际上是耽误了自己，到头来一定会追悔莫及。

8. 攻克难关

对于有一定难度的内容，就像对付难啃的骨头，要坚持一点儿一点儿去解决，而不能产生畏难情绪，知难而退。如果能够运用相关知识，从多个角度去考察、分层次去分析，抽丝剥茧，层层深入，再展开发散思维去围剿难题，一定会产生较好的效果。此时，就算实在没有办法解决，也可以去请教他人，经过之前深入的思考，加上别人的指导，我们对这个问题一定会产生深刻的印象。

9. 持之以恒

做作业同学习一样，不能三天打鱼，两天晒网，一曝十寒，而是要坚持不懈，细水长流，从量的积累飞跃为质的变化。这一原则在做假期作业时尤为明显。整个一个假期的作业，如果我们做好了时间安排，每天完成一点儿，那样的效果和开学前一两天内拼命补作业的效果肯定是完全不一样的。

二、解题步骤

一般来说，解题需要经过五个步骤，也就是五个阶段，它们组成了一个相对稳定的解题程序，或称模式。按这个程序进行，会有利于题目的顺利解决，可以说它们包含了解题的具体技术，是全脑超能解题方略的核心部分。

（一）搜集情报

对所要解决的题目展开"侦查"，去了解它。这个步骤看上去很简单，可实际上并不容易，因为题目中会设置一些人为的障碍来迷惑我们，要求我们透过现象去看到它的本质。

1. 厘清表象

看题目的文字表面上说了些什么，正确、清楚地理解其表面的含义。

2. 排除假象

出题者有时会故意虚晃一枪，运用一些曲折、隐晦的表述，在题目中营造一种假象，这就需要我们平时注意积累，并且用心、细心阅读题目，然后敏锐地发现和排除假象。

3. 发掘实质

在厘清了表象、排除了假象之后，我们就可以比较顺利地看到题目的实质了，这需要我们平时累积一定的解题经验。

（二）考察研究

第二阶段，我们要对侦察得来的"情报"进行分析、加工和研究，寻求解决问题的办法。此时我们可以采用大脑风暴与多项思维广开思路，多角度、多层次分析问题。考察研究主要是为了以下目的：

（1）搞清楚问题的实质，还有现象同实质之间的关系。

（2）探讨和选择解决问题的方向、方式以及可能性。

（3）为下一步制订解题对策提供依据。

（三）策划方案

这一阶段需要让前面形成的思路进一步成型，最终决定采用何种解题程序来解决具体问题。这要求我们找出相对简练和有效的解题方式，拟出相应的解题步骤，考虑运用哪些辅助知识与背景材料等，而且要排除经验主义带来的心理定式、结构僵化与负迁移等。

（四）实战操作

这一阶段是解题的核心部分，是最重要的操作阶段，在这里我们要将前面的对策付诸实践，具体落实。

可以说，"策划方案"阶段还停留在我们对问题的大胆设想，现在则需要我们小心求证，在解题过程中，每一个步骤、每一个细节都要认真对待。我们一方面要考虑大步骤之间的逻辑，另一方面还要考虑每一个具体细节的合理展开，两方面相辅相成，解题才能顺利地往下进行。

（五）检验结果

在上面所有的程序完成之后，不要忘了还有最后一道工序，即对结果进行检验，看看问题是不是真的解决了，结果是不是正确，还有没有其他的解决方法。

具体来说，可以从头到尾检查，看看每一步是不是都是准确无误地进行；也可以从尾到头进行反推，看看前后因果关系是否合理；还可以采用其他的检验方法，看看最后的结果是不是正确。

如果上面的问题都得到了圆满的回答，说明这个问题已经被很好地解决了。不过对于好的解题者来说，解题之后还有很重要的事情要做，就是去总结解决该问题的经验和方法，找到普遍规律，让思维更加灵活，方法更加简便。

解题和证题方法的具体实施可以让分析问题、解决问题能力得到锻炼和提高，这些都需要通过完成作业来实现，所以说，做作业是非常重要的。

三、速写

速度是现代生活的重要指标之一，这里所说的速写，并不是指绘画上的速写手法，也不是新闻上的采写技术，而是指日常学习和做作业时高速地书写。书写时，如果掌握了要领和技术，写字的速度就能获得大幅提高。

我们在相应的章节里已经介绍了速读、速记，这里主要介绍速写技术。有一位武汉大学的毕业生叫陈克正，他非常注意培养自己的女儿在学习中"提速"，他的三个女儿个个都是博士。他说："我把高速度、高准确度的读、写、算、记视为四种基本学习技术，并通过训练来快速提高这四种学习技术，使她们学生阶段的读、写、算、记水平达到或超过高中生或成人的水平，由此可以大大减轻她们的课业负担，更有利于她们成才。这就是我的特殊教育方略的巨大意义所在。"由此可见，速写技术对提高学习效率有何种巨大的影响。

（一）速写的作用

具体来讲，速写的价值是什么呢？

1. 节省时间

在数字化信息时代，生活节奏迅速，个人接收并且要处理的信息量巨大，人人都有紧迫感，这就要求我们学会压缩时间，尽可能在单位时间内多做一些事，既能节约时间，又减轻了负担。

而学生也不例外，现代社会，学生所学的内容容量大大超过了以前，在书写上提高速度，就可以把时间节省下来去学习其他内容。例如，某位学生，他本来每天写作业需要 2 个小时，如果书写的速度能提高 1/3，一天就能节省 40 分钟，一年 365 天，累计起来他就可以节省 240 多个小时。假如他用节省下来的时间去读书，1 小时能够读 1000 字，那他一年就能够多读 24 万字，这么大的阅读量，显然可以包含大量知识内容，因此他就能多掌握这些知识。长此以往，他将获得的收益是非常可观的。

2. 脑能增效

如果写字的时候书写速度较快，那么大脑会不断地处理信息，不会因为写字而阻滞了思考过程。如果书写的速度能够适应一个人的思维节奏，那么他的思维就会在解题的过程中很流畅地得到发挥。反过来，如果这个人写字的速度慢，也就打断了大脑的思维过程，让思维不能顺畅地进行下去，甚至扼杀了思维激荡过程中灵感的小火花，导致脑能的损失。因此我们提倡在书写过程中尽可能地运用速写技术。

3. 把握主动

速写可以节省时间，让我们在学习中、在考场上把握主动。例如，参加高考的时候，考生大约需要花 2 个小时写字，运用速写技术可以省下约 40 分钟，这 40 分钟对于高考来说是一笔非常大的财富，节省下来用到其他地方可以产生难以估量的效果。

4. 打开思路

在书写创作的时候，如果能运笔自如，一泻千里，那么不但写得快，而且思路也会随之流动，一路畅达，对自己的信心也会有积极影响。信心对于做任何事情都是重要的，写作也不例外。因此我们主张在创作时，尽量运用风暴学习法，快速有效地思维、快速有效地书写，而不要真的在那里一字一字地往前"爬"。这样的写作既辛苦，又痛苦，反而不容易写出文思泉涌、才华横溢的文章。

（二）练习速写

速写技术如此重要，所以我们要研究它的规律，加以训练，从而提高书写技术和速度。

1. 正确握笔

在书写的过程中，手中的笔要不紧不松、不高不低，手心中空如握一个鸡蛋，这样保证在运笔的时候轻松自如，挪动又不过于频繁，可以节省下许多时间。

2. 适当连写

写字的时候可以让有些笔画连起来。把握好笔尖的高度，在笔与纸之间留下适当的空间，太低了会无意中带来一些废笔，太高了在落下笔的时候会花费较多时间。某些字与字之间可以连起来写，只要不影响字的读、认就行。不能为了快而快，写得乱七八糟，眉毛胡子一大片，谁也不想看，谁也没法看，因为它本身太难看。

3. 大小适度

书写时字体的大小要适度，过小看不清楚，自己阅读困难，别人阅读更困难，尤其是考试时，考卷上密密麻麻，让改卷老师"望而生畏"，失去初步的印象分；过大则每一笔都有多余，加在一起就是不小的浪费。所以大小要恰到好处。

4. 请教他人

不断地请教一些写字快而好的高手，指点写快写好的要点。有些书法家花费了许多心思，甚至是毕生的心血用来练字，他们在写字方面有深厚的功力与丰富的心得，只要简单指点，就可以解开我们的疑惑，帮助我们把字写得快而好。因此，应该不失时机地向他们请教，再将得来的真传加以实践，就会产生良好的效果。

5. 把握要素

平时可以把某些基础、常用的字词练熟，因为它们是写字中的基本要素，把握好它们，在书写的时候就可以节约许多时间，从而带动整体速度的提高。

6. 总结提高

在书写的过程中不断地总结经验，一点儿一点儿地提高。写字是一项实践性很强的活动，练多了就会有经验，经验积累多了就可以产生潜移默化的效果。如同电脑打字，打多了就会熟能生巧，可以盲打，甚至可以产生音乐旋律般的流动感。

第五章　误区之五　自学成才
对策　三人行，必有我师

　　学习本身是一种个体化行为。学习的某种特定形式可能是个体化的，但并不意味着排他性。自学可以成才，但并不是普遍适用的规律，因而不能当作普遍的行为模式。如果大多数人自学可以成才，那么就不需要办各级各类学校，也不需要各级各类教师了。无论是在校生，还是校外学习者，都应该善于拜师求教，有教师指导与自己闷头苦学的效果自然大不一样。

　　一般来说，有人指导效果相对要好得多。求教的过程也是借力发力的过程，即用他人的智力来有效地帮助自己，在学习的过程中提升自己的智力，而在使用的时候可以更好地展示自己的实力。

第一节　自学

自学有广义与狭义之分。广义的自学是学习者按照自己的目标、计划进行学习，从而获得知识与技能。狭义的自学是在学校教师讲课之外，自己独立完成知识学习。我们这里讨论的是广义的自学。

一、自学的价值

自学是独立完成的获得知识的活动。自学有一些相对的优势，比如可以养成主动学习的习惯，可以根据自身需求调节学习时间长短、学习进度快慢、学习程度深浅等。古今中外，自学成才的例子有很多，如教育大师孔夫子、数学大师华罗庚、天才军事家拿破仑、杰出发明家爱迪生、美国之父华盛顿及美国前总统杜鲁门等，他们都没有上过大学，主要靠的是自学，而最后成为杰出的人才。

二、培养自学能力

想要自学，就要具备相应的自学能力。自学活动由多种智力因素与心理机智共同参与，是一个较为复杂的智力活动过程。因此，良好的自学能力需要在长期的自学活动中逐渐培养起来，而自学能力的培养和形成有一定的规律和原则，如果遵循这些原则，可以迅速提高自学能力，改善自学的效果。

（一）培养明确的自学动机

动机是直接推动人进行某种活动的内部力量，学习动机就是直接推动人进行学习活动的内部力量，是人们强烈的自学需要的表现。自学动机对人的自学活动会产生决定性的作用。有研究发现，一个人的学习成绩主要受智力和动机两方面因素的影响。因此可以说，自学动机直接决定着自学活动的成绩与效果。具体来说，自学动机决定着自学活动的三个方面。

1. 引发自学活动

任何自学活动都是当你的自学动机强烈到一定程度时被引发起来的。

2. 决定自学活动的方向

明确的学习动机能够不断地指引自学活动沿着一定方向进行，使人的活动的各个方面都指向这个方向。如一个人想自学写作，那么他会把自己的各种学习活动都指向学习写作这个方向。

3. 调节自学的深度和广度

自学动机强烈的话，会让自学的范围广、强度大；反之，则自学的范围窄、强度小。

（二）制订自学计划

自学与学习一样需要提前制订计划，好的计划能够帮助自己获得最好的自学效果。自学时对时间的安排与正规学校学习时不太一样，因为大多是完全按照自己的具体情况进行安排的。做计划时，要注意总体时间长度，也要注意单位时间长度，还要注意一整天中的时间安排，以及有无法避免的干扰时，应该怎样有效地调节时间等。最好能列出表格，帮助自己按计划进行自学。

制订计划时应该注意以下几个原则：

（1）尽可能安排大概固定的时间用以自学，条件允许的话，最好安排精力旺盛、思维活跃的时间段自学。

（2）自学内容要有主次之分，先学重要内容，然后复习与做作业，最后阅读参考资料。

（3）合理安排学习时段，如用早晨学外语，白天读书，晚上复习与做作业。

（4）如果自学时间较长，要交替安排内容，并且在中间插入休息时间，调节大脑，不要一口气连上来，造成精神紧张和思维呆滞。

（5）发挥碎片时间的作用，比如等人、等车或坐车的时间，都可以用来学习，要善于挤时间，做时间的主人，而不能让时间牵着鼻子走。

（6）如果自学的时间被其他事情占用，要加以合理调剂，把损失的时间补回来，千万不要随便中断学习计划，以为今天没有完成无所谓，明天再说也可以。只有坚持按照计划进行，才能获得较好的自学效果。

（7）自学的时间安排要合理，每天均匀安排各学科的学习和复习，不要集中起来今天学这项内容，明天学另一项内容。

（三）学会自学读书

可以说，自学主要就是靠读书来进行的，读书有许多方法与策略，大家可以参考《学习学——全脑开发与学习》一书，这里我们主要讲一下自学时读书的基本原则。

1. 按计划、有目标、有选择地读书

围绕着自己的学习目标和方向去读书，坚定不移地按计划执行，可以取得较好的自学效果。

选那些对自己的目标最有帮助、最可能发挥作用的书籍，如果不是为了某一考试目的进行自学，则可以选择一些经典作品、最新成果，或适合自己的优秀书籍，以及信息丰富的书籍等。俄国革命民主主义者、哲学家、文学评论家别林斯基说："我们必须学会这样一种本领，选择最有价值、最适合自己需要的读物。"

2. 边做笔记边读书

好记性不如烂笔头，我们可以通过列表、编写提纲、概括、归纳等手段去做读书笔记，巩固自学的具体内容。这种边读书、边思考、边做笔记的方法，不仅有利于记忆书中的内容，也可以提升我们的思维能力。而且，做读书笔记贵在坚持，千万不要偷懒。记笔记的方法我们在本书第四章介绍过，可以参考阅读。

3. 把广博与精深、精读与泛读结合起来读书

这一点本书第二章中做过详细的讲解，可以参考阅读。

4. 掌握读书的方法、策略和规律

不要闷着头去读，要巧读与苦读相结合。

（四）在自学中运用现代化技术

在多媒体时代，人们的生活方式发生了重大的变化，科技新成果为我们创造了良好的条件。如果能在自学中运用这些现代化技术，让它们发挥积极作用，会让自学如虎添翼，事半功倍。

我们这里所说的技术是不断发展的，早些年，有收音机、扩音器、录音机、无线电话筒、投影仪、幻灯机、电视等，而今天已经发展到了电脑、手机、电子显微镜、语言实验室、国际互联网等。到20世纪末，全世界的信息高速路基本都联结成网，形成了虚拟的网上世界。人们广泛地使用这些现代化技术，不仅为生活带来便利，而且也给学习、工作提供了极大的方便。

互联网是一个很精彩的虚拟世界，远远超过了所有其他媒介，也使学习进入了一个全新的阶段，远程教育与网络学校在世界上广为建立，人们可以展开双向式的交互学习。我国在这方面也正在和国际接轨。人们坐在家中就可以和世界联网，接受远程教育，或在网上寻找自己想要的信息、资料，也可以与异国他乡的人士讨论问题。另

外，还有许多好的学习软件和游戏值得我们去尝试，它们是开发者创造性思维的结晶，可以帮助学习者提高自学兴趣，锻炼思维能力以及随机应变的能力。

可以说，现代社会，人们对互联网的依赖已经达到了非常高的程度。不过，很多事都是双刃剑，有有利的一面，也有不利的一面。互联网也不例外，运用好的话，互联网可以为人们的学习提供极大的方便，获得更好的自学效果；如果不能积极正面地使用互联网，则有可能浪费大量时间，甚至陷入不良信息里，让自己的身心受到伤害。这就要求在网上自学的人士一定要具备自我控制能力，把握住自己，避免误入歧途，产生负面效果。

借助互联网自学，要遵循以下几项原则：

（1）不要沉迷于网络，丧失自学的独立性、自主性和成才意识。如果过于迷恋网络，同网络打交道时陷进去出不来，可就麻烦大了。网上世界确实精彩，有许多诱人的内容，如果不能自控，时间精力耗费过多，就会干扰学习与生活规律，不仅没有价值可言，更会让自己迷失方向。

（2）不要在网上变成"情痴"。在网上与异性交往较为容易，有些人上网寻求刺激，借网上自学之机，先去"冲浪"一番，交交友、谈谈恋爱。网上交友，运用好了，可以提升自信、扩大人际交往范围，产生一定的积极影响；但若是把握不住，一味沉迷其中，则会极大地干扰自己的自学计划和进程，弊端丛生。

（3）不要在网上受骗破财。互联网上，商业广告比比皆是，有些广告非常吸引眼球，甚至吹得天花乱坠。如果我们不加判断，轻信广告，结果不是货不对口，就是质量有问题，甚至干脆打了水漂，破财不说，更是失去了自学的气氛和心情。

（4）不要在网上"中毒"。互联网上存在着很多不良信息，诱惑着我们去点击。这种"毒"可以说是电子海洛因，它虽然不同于现实中的毒品，但对人的身心伤害也是巨大的，一旦染上，就再也没有心情去学习了。

（5）不要在网上失去信心。网上高手如云，我们上网时经常会遇到各行各业的高手。与他人相比，有时实在让我们自惭形秽，感觉无论怎么学也无法达到那种高度，所以从根本上失去了上进的自信，干脆上上网，聊聊天，放弃学习算了。其实，每个人都有自己的路，每个人的情况都不同，人永远不可能跟另一个人一模一样。要根据自己的现实状况，尽可能发挥聪明才智，练好自己的本领，寻找合适的位置，发挥自己的价值。

（五）学会评估自学成果

自学是个性化很强的学习活动，没有周边环境等制约，对学习的进度、深度与广度都要通过自我监督来完成。因此，我们要学会正确的学习评估，这种评估包括自评与他评。

自评则包括自查、自检、自考等。自我评估和考核时，要有实事求是的精神，严格要求自己，确保准确与客观，要及时地、不断地对自己做出评估，及时发现问题、解决问题。他评即请他人来对自己进行如考试、检测、鉴定、抽查等评估行为。当然，我们可以把自评和他评结合起来，最后记录下评估的结果，或者编制表格，发现不足，及时补救。

无论哪种评估方式，都是为了更好地掌握自学知识，所以要养成定时评估自学成果的习惯，并且及时根据评估结果进行调整，在智力因素与非智力因素方面，调节自我，不断改善，逐步摸索，获得最好的自学效果。

第二节 自学的局限

一、自学的局限

有调查研究发现，世界上 300 多位诺贝尔奖获得者当中，一半以上有名师指引；而余下的那些获奖者，他们用来研究学习的时间，要比前者花费的时间多 7 倍左右。

自学能否使人成才？说完全不能自然是不客观的，正如大家知道的那样，自学可以成才，但效率怎样，是很值得研究和讨论的问题。学习要以人为本，学习本身是一种很个体化的行为，但也不是说要形成封闭式系统，学习吸收的知识大多是群体智慧的产物，而获得知识以后，也将运用在社会实践中，所以说学习可能是个体化进行的，但并不意味着就是排他的，自学可以成才，但是决不能当作普遍使用的规律，而加以强调为普遍的行为模式。

我们看任何事物都要看它的主流，也就是它所体现出来的本质，任何单一的或少数、偶然的现象并不能代表大多数，即不能以偏概全。

二、破解自学局限

（一）自学与学校教育

可以说，学校的价值不容忽视。

众所周知，世界各国都有数不胜数的小学、中学、大学、研究院等，这些学校的功能主要在于教育，也就是教书育人。正是因为学校教育的重要，所以全世界才普遍采用这种学校教育的方式培养人才。在我国，这种带有学校性质的教育早在几千年前就已经存在，发展到今天，已经形成极其完备、成熟的体系。在这个体系中，每年都能培养出大量的人才。

如果自学完全可以成才的话，那么国家就不需要每年花费那么多的教育经费去办学校了，人人都可以自己读书去自学，学校的存在也就没有价值了。实际上，在现代社会中，靠完全自学成才是非常不现实的，但如果能将自学与学校教育配合起来，倒是一个不错的选择。首先，学校教育可以让你系统地学习知识；其次，学校里有很多资源可以利用，如上课演示用的教具、图书馆、实验室等；最后，学校可以陶冶个人情操，人的很多优秀品格都是在集体生活中锻炼出来的。

当然，即使接受了学校教育，也不能完全放弃自学，学校教育与自学相辅相成，二者能够相得益彰。

（二）自学与请教他人

孔子说："三人行，必有我师。"作为满腹经纶、学力深厚的一代大师，他都虚心地向别人学习，拜人为师，这种学习思想和精神，被传为千古佳话。诚然，教师的作用是不容忽视的。

我国拥有世界上最庞大的教师队伍，教师们在各级各类学校中担负着重要的教学任务。在他们的指导下，各级各类的学生按部就班地接受着良好的教育，不断地茁壮成长。教师的角色是永远不可能被取代的，他们在任何时候都会发挥积极的授业解惑的作用和功能。

有无教师或较高水平的人士指导，学习的效果是迥然不同的。有人指导，甚至只要在关键处给一点儿点拨，效果就能好得多；没有人指导，可能越学越不明白，越学越不想学，越学越怕学，最后干脆半途而废，给自己造成终身遗憾。

自学者请教水平较高的人士，有哪些作用呢？

1. 明确自学方向

自学者在学习的时候首先要明确方向，学什么？怎么学？学多少？一旦有人点拨，我们可能顿时豁然开朗。可以说，做任何事情都不能只埋头拉车，不抬头看路。否则拉了半天，方向反了，适得其反。学习同样如此。在明确的目标指导下，扎扎实实自学，才有可能获得理想的效果。

2. 加快自学速度

有些自学者感到难以把握自学的时间或进度，影响了自学的速度。如果有人指导，就可以让自己少走弯路，直奔纵深，加快自学速度。

3. 调整自学状态

自学者学习的效果、效率如何？要经常自我评估和调整，但这种评估是否准确？当局者迷，旁观者清，如果有人帮助指点，我们可以更好地看清自己的自学状态，进而加以调整。

4. 提高自学质量

经验不足，或者方法不好，都会让自己难以抓住重点和实质，造成以偏概全，浪费精力与时间，自学的效果不显著。但有人指导，可以快速把握重点和实质，获得较好的学习效果。

5. 开阔眼界

自学者往往会受到客观条件的限制，眼界相对不开阔，而较高水平的人士，因为学得多、听得多、看得多，自然可以帮助我们不断地丰富和提高。

6. 促进自我认知

每个人学习的特点不同，采用的学习方法也应该有所不同，这样才能获得较好的自学效果，指导人士可以帮助我们发现自己的所长与所短，让我们扬长避短，更好地自学。

此外，较高水平的人士还能帮助我们制订计划、解惑答疑等。有许多求学者都会不远万里前往北京，寻求名师指点。

自学者应该主动请教，虚心向他人学习。并且在这个过程中更加清晰地掌握自学规律、方法与策略等，行之有效地进行自学。

所以说，学校和教师是国家、社会中教育的主体，绝大多数学习者都是在这个体系中按照相应的程序接受教育的。看到这一点，我们就应该明白，学习需要教师或专业人士的指导，这样的学习效果，绝对不是自己在那里闷着头苦读苦学所能达到的。自学者应该充分地认识到这一点，自觉主动地寻求他人的指导和帮助，并且在条件许可的情况下参加学校教育。

第六章　误区之六　文章有章　论文无文
对策　纵横皆文章，经纬总关情

每个人对写文章都有着不同的心得体会，可能不少人会认为写文章是件困难事，主要是这里面有一个很大的误区，认为文章是要按章法来写，论文则无文采可言。

事实上，问题的症结正出在这里。写文章犹如练武功，到了炉火纯青的境界，则不再受章法、条框限制。如果有章有法，那就不是创作，而是"八股"式套路，绝对不会是上乘之作。创新是文章永恒的生命力。当然，这也不是说文章和论文可以漫无边际，它们都有一定的规律可循，要在把握规律的前提下自由发挥。文章进入无章而章的境界，这才是写作的最高境界。

一、写作误区

文章的写作是复杂而有魅力的。每个人对写文章可能都有不同的心得与体会，很多人认为写文章比较难，主要是存在着一个很大的误区，认为"文章有章，论文无文"。问题的症结正出在这里。

1. 文章有章

文章有章，是说文章具有一定的规律，即章法。没有基本知识和写作技能，就难以奠定自己的写作基础、锻炼写作能力，但这只是写作的最初训练阶段。

如果一味地讲究写文章的章法，那就很难有创新。古代的作品多遵循一定的章法和较固定的格式，如楚辞、汉赋、唐诗、宋词、元曲等，它们代表着所属时代的最高水平。最为典型的还要算是八股文，它长期束缚了人们创造性思维的发展，要求读书人的写作必须按照一定的模式、规格等"生产"出来，是最没有创造表现力的文体，早已被淘汰。事实证明，那种太讲究章法的文体具有极大的局限性，违反了人类思维的自然规律，自然难以生存下去。

中国古代产生过很多不朽的作品，如司马迁的《史记》。《史记》的杰出成就不仅是文学上的，更是史学上的，它在文学与历史上都是辉煌、杰出的成就，它的写法是对当时主流文体的一种巨大突破，几千年来一直被奉为经典。从《史记》里面，你很少能找到所谓的"章法"。20世纪初，新文化运动是对中国传统文化的一次巨大冲击，以胡适等人为首的新文化运动主将提出用白话文写作，人们的思想得到了解放，产生了许多脍炙人口的作品，如鲁迅的《狂人日记》等。《狂人日记》的写法摆脱了传统章法的约束，大胆而富有创新精神。

由此可见，优秀的文章大都不是在某些章法的框架内产生的。我们不用去看历史上的经典文学作品，单看全国优秀中小学生作文就可以发现，那里面突破章法、具有创新意识的优秀文章也不在少数。原因就在于中小学生不拘泥于条条框框，敢于大胆创新。

不过话说回来，虽然文章不应局限于某些章法，但也要遵守基本的写作规律，那种没有基本写作概念和规范的文章，根本就不称其为文章。而真正好的文章，则是在基本写作规律的基础上，进入一种无章可言的境界。谁能达到这种境界，谁就能纵横捭阖皆为文，天地山水都成章。也就是哲学范畴上的无我而我的境界，这里的"我"就是文章中的"章"。

2. 论文无文

论文是文章中的一个重要类型，是最为严格、严谨的一种文章样式，主要用来反映科学研究的学术成果，有着严谨、缜密的内在逻辑。但这并不意味着论文一定是死板单调的科学文字与符号的组合，一部上乘的论文或论著，既要在科学上有所突破，又要在表述上生动、充分，有文采，才能更好地反映其成果。

如果论文或论著有论无文，必然会晦涩难懂，让人望而生畏。可能有人会说论文是给少数专业人士看的，有没有"文"并不重要，只要有人能看得懂就行了。其实任何作品只要写出来，就是为了进入知识的大循环，如果让人看不懂，或不愿看，那如何才能实现这种"循环"呢？所以说，要么就不写，写出来就要让人愿意看。阅读群体过小，不利于传播，自然违背了著作者的初衷，也是对学术成果的无形浪费。更不要说那种过于艰涩的论文或论著，可能根本就没有发表和出版的机会，十分可惜。

3. 走出误区

如何才能逐步进入文人所要追求的境界或实现论文著作者所要达成的写作愿望呢？可以遵循以下几项原则：

（1）把握写作规律。写文章不能漫无边际地乱写一气，就像做其他事情需要遵循规律一样，写文章也要遵守写作的基本规律，在此基础上加以发挥。对学生和初学写作的人来说，还是要经过基本的、必不可少的基础训练，掌握写作的基本功，然后再逐渐增强自己的写作能力。

（2）掌握写作方法。写作有许多具体的方法和策略，掌握它们并应用到实际的写作过程中去，就会发挥良好的作用。没有这些方法和策略，靠自己去摸索，会走许多弯路，也可能根本写不下去。方法是进入良好写作状态的钥匙，有了这把钥匙就可以迅速进入写作的殿堂。

（3）掀起脑能风暴。写作是一种创造性很强的脑力劳动，完全靠大脑去指挥。盛唐时期的诗人李白写作的时候常常是醉醺醺的，他在酒精的作用下，大脑细胞处于非常活跃的状态，摆脱了意识中条条框框的限制，右脑的形象思维能力获得了很好的释放。所以他写出了许多杰出的作品。对于写作这种高强度创造性脑力劳动来说，脑能风暴可以发挥难以想象的作用。

此外，还有一些写作原则应该遵循，它们可以帮助人们获得良好的写作效果，我们将在下面的全脑超能写作训练中加以介绍。

二、超能写作

所有的写作都是由大脑指挥进行的，怎样充分地发挥大脑的潜能，调动大脑的能量来进行写作，是全脑超能写作的核心问题。想要写得精彩，就要让自己思维活跃，先有脑能的升华与飞跃，才可能产生文章的升华与飞跃。

在掌握基本写作规律后，我们可以采用超能写作这种高级的写作形式，它可以帮助我们发挥脑能、激活智慧，提高写作能力，改善写作效果。

下面将介绍一些超能写作的重要方法。

1. 热启动法

热启动是典型的风暴学习法，让思维围绕着写作主题展开全面的思考，此时的大脑类似于一个核反应堆，不断释放能量，形成巨大的冲击波，产生许多精彩的思维火花。

在写作过程中，尽可能把这些释放的能量落实到笔头，放下顾忌，想到哪里写到哪里，打破戒律，不让条条框框束缚自己，要一泻千里，恣肆汪洋，而不是抓破脑袋、苦思冥想。苦苦思考的结果大多只能是平淡无奇的内容，而那些活灵活现的作品，往往都是脑能风暴掀起的巨浪。

有些人积累很丰富，有扎实的理论功底，但他们多为左脑思维，也就是研究型的思维，这样对写作文章，尤其是创作文学作品反倒是严重的障碍：这里没有写，左脑就来干扰；这样写行不行、那样写通不通？左脑随时跳出来拦在那里，找右脑创作的麻烦。

其实，这个"难题"并不难解决，要从根本上加以扭转很简单，也就是如上文所述，在写作的时候不要去想什么理论或规律，大胆想象，放手去写，自然会文思泉涌，吞吐自如。

2. 全息流法

写作的时候思路可以随心所欲地流淌，就像山间的小溪顺着山势一路唱着、跳着、跑着，与小河汇合，欢快地向前融入江河与海洋……

写作的时候要让大脑中的这种意识奔腾向前，不受阻挡，一江春水向东流，也可以向西流、向北流、向南流，流的过程很可能会受到这样那样的阻挠，但可以绕过去，再向前痛快淋漓地奔涌。

运用这种写作法，要相信自己潜意识的力量，由于长期的积累和创作时的脑能发挥，潜意识会出现能量喷发，是在完全不自觉的状态下产生的激情挥洒。

3. 蒙太奇法

写作中有的地方较顺利，有的地方可能不太顺利，把顺利的地方先写出来，不顺利的地方后写。可以一段一段地写，也可以一截一截地写，写完以后用蒙太奇法将它们串联起来。

经常有人在写作中遇到困难，停在那里咬着笔头，挖空心思，中断了思维往下的进程，造成脑能的浪费。此时应当暂时撇开困难的地方继续前进，事后再慢慢思考，一旦解决就可以补充进文章，而不是在写作时停停写写、写写停停，阻碍了思维的流畅性。

4. 高压线法

写作时可以先大范围、大面积地展开，异想天开也可以，先辐射出去，然后再顺着一条主线收拢，通过一条高压导线往前"走"，这条高压线就是文章的动脉。思维沿着高压线向前延伸，围绕着它予以取舍，关系较远的则可以删去。

采用高压线法写作，可以收到许多意想不到的效果，不过有时可能会造成一些浪费，有的内容不是太直接，要舍去。不过不要紧，这些内容这篇文章用不上，将来可能在别的文章中会用上，还能发挥作用。这种高强的"电流"通过方式，可以产生写作的快感与冲力。

5. 滚雪球法

写文章时，可能刚开始就只有一点儿思想的火花，但这火花很重要，"星星之火，可以燎原"，抓住这点儿火花先写，可以形成最初的核心部分，不管这个部分是什么形状的，大小如何，在此基础上加以扩充拓展，让它不断地蔓延，不断地壮大与丰满起来，然后越滚越大、越滚越圆、越滚越漂亮。这种方法写出的文章有里有面，保质保量，耐人寻味。

6. 紫外线法

在没动笔之前，就可以有意识地收集相关资讯，形成思维的穿透力，可以上网冲浪、去书店浏览、在图书馆中接受信息的冲击，像紫外线那样透视某些作品，在大量的强"刺激"中，发动自己的脑能，激发自己的大脑活力，形成优势兴奋中心，带来强烈的创作欲望。给自己的作品注入巨大的冲击力，成为超越他人的优秀作品。

7. 勿忘我法

有些人写作总是忘不了一个"我"字，这属于太注重自我了。超能写作中说的"我"，是指作者本人的写作个性，和文字中的"我"不是一回事。文章是以语言来表达的，所以首先必须要在语言上下一番功夫，不要忘记发挥自己的写作个性，李白说的"语不惊人死不休"，就是这个道理。

8. 灵与肉法

灵是指文章的灵魂，一篇文章没有灵魂，肉再多也扶不起来。同样的，一篇文章灵魂再精彩，但没有肉的支撑，也不能称之为文章。一篇好文章或一部好书，一定是血肉丰满，像大自然的最高杰作——人一样，既有灵魂的内在美，又不缺乏血肉的外在美，具有无限的精彩和魅力。

9. 冷处理法

谁都知道文章是写出来的，又是改出来的，在写作的激情表达过程中，我们很难去逐字逐句地修饰与整理。所以，我们可以在写完之后先做简单的处理，然后把文章暂放一边不去理会，过一段时间再拿出来修改。

写作的过程是按照一定的思维方式进行的，冷处理之后，可能会产生新的想法，经过一段时间的沉淀，思路渐渐清晰，此时修改文章可以做到条理分明，逻辑合理，此时进行删、并、加、修等，可以充分发挥左脑的作用，让文章更加合理，升级成一篇美文。

10. 雪浪花法

在写作的时候，要把握时代脉搏，采用最现代的写作手法，运用最新颖的知识资讯写作，不要写那些陈旧的、缺乏时代气息和价值的内容。当然，不是说历史的东西都是不好的，关键是要能够表达某些积极的精神和内容。有许多历史题材的文章和作品，都是非常可读的。但要注意采用符合具体环境的语言，千万不要搞得时间错序，不伦不类。

站在海边可以看到雪浪花，雪浪花是大海深情地捧出的精华，在它的下面蕴藏着无比巨大的潜能，生活中同样如此，雪浪花是时代潮头的精彩奉献，我们要捕捉、描绘，把对生活中精彩内容的感受、思考和体验的雪浪花奉献出来。

以上这些方法是超能写作的核心内容。同时，还有一些辅助性的写作方法如下。

11. 不倒翁法

有的人习惯在行驶的交通工具中思考和写作，这样的时候，随着外力的摇动，大脑细胞变得活跃，运动本身对身体就会产生某些刺激，反射到大脑中去，大脑在活跃的状态下进入思考，会产生某些共振，对创作和构思是有利的，这类人大多喜欢运动，所以可以有意识地抓住时机，在这样的状态下进行写作与构思。作者的《青藏大动脉》以及许多文章都是在这种情况下构思，后来逐步写作完成的。

12. 逍遥游法

做任何事情都会碰到困难，写作也不例外，这时候可以采用放松的办法，听听音乐、看看电视。如果条件允许的话，暂时走出去，逛逛公园、商场、风景区，到海边走走，到河边散步等，逍遥自在一番。大脑处于放松状态，右脑思维开始活跃，减少左脑对右脑思维能力的干扰。在这种怡然自得、逍遥自在的环境中最适合构思，及时地把思考的内容记录下来，等重新开始写作时，会起到很好的作用。

13. 大沐浴法

沐浴并不是指一直泡在水里，而是包括了清水浴（河水、海水、池水等）、阳光浴、空气浴、森林浴、芳草浴等，它们形成了一个大沐浴的概念。在写作遇到困难或阻力的时候，可以暂放一边，进入江河湖海的清水中，或者阳光、空气、森林、芳草中，享受大自然带来的灵性抚摸与亲善。

全部身心完全放松后，大脑易于进入最佳构思状态，此时要趁热打铁，而不要一味地贪图享受而失去机会。

另外，还有一些可以让写作确实有困难的人士临时用的写作手法，但平时我们并不提倡。

14. 冲浪板法

如果自己写作有困难，没有办法完成，可以在现有的文章中撷取一些精彩部分，把它们组合起来，加上过渡，写上头尾，好歹也算完成了一篇文章。但是这种撷取绝不是照抄，"天下文章一大抄，看你会抄不会抄"，不会抄的人东摘一段、西摘一段，强拉硬凑，写出来的一定不是好文章，但它也可以成为一篇低层次的文章。会抄的"抄"其精髓，而不取其表面，也能过得去，不过并不是自己的创作，这一点要非常清楚。而真正的创作是要靠自己精心构思、精心写作得到的，两者不可混为一谈。

15. 模仿秀法

创作天分不够或平时训练太少的话，往往提起笔也不知从何下笔。这时要想写作，就可以采用这种模仿秀法，"秀"即英文的 show，是指展示。模仿秀法也就是指对成功的作品进行模仿写成文章。这种写法要根据自己的需求，去搜寻与自己写作题材、体裁、分量、水平等类似的现成文章，然后模仿来写。

模仿可以分为高明和拙劣。

所谓高明的模仿，是仿其神，而不仿其形，做到仿而不模，仿照它去写，但又不为它的模子所限定，这样的文章虽不真正高明，也可以作为练习，提高自己。

所谓拙劣的模仿，是由神到形，由内到外，神似而且形似，模仿痕迹明显，可以说没有任何价值。

应该说明，模仿秀法与冲浪板法在初学写作的过程中，可以用来帮助练笔，就像书法、绘画开始时可以临摹一样，写作可以先从模仿与冲浪开始，而且很多成功的写作都是从这里开始的，所以也不要过于看低这两种方法。

三、KJ 写作法

KJ 写作法是一种在国际上广为流行且行之有效的写作方法。

1. 什么是 KJ 写作法

KJ 即英文中 Kaleidoscopically Joint 两个英文单词的首字母。翻译成中文就是"千变万化的连接"。意思是说这种写作方式是让不同的材料在千变万化的过程中,按照一定的规律连接在一起。

KJ 法由日本人川喜田二郎发明,后来逐步在日本流行,并流传到欧美,受到越来越广泛的采纳与使用。

KJ 法最初是为了写作科学论文而发明出来的一种写作方法,后来发现用它来写普通的文章一样适用,而且使用起来很方便。所以就由写科学论文推广到其他的文章写作中,所以现在这种方法已经应用得非常广泛了。

2. KJ 写作法的原理

从现代创造学的角度来看,KJ 写作法非常符合创造性思维的规律。它实际上是采用卡片积累素材,然后不断调整、变幻,利用发散思维就某一具体问题向不同的方向、角度、层面展开思维。

把不同的思维结果记录在一张张大小相同的卡片上,卡片上记载内容的容量是不同的,根据不同的思考结果来决定记录在某张卡片上的是什么内容。如果内容较少,就记录在一张卡片上;如果内容较多,则可以分两张或若干张记录。

待到卡片积累到相当的数量之后,就像玩扑克牌一样,对这些满载内容的卡片,不断进行归纳、整理、分类等。在这个过程中找出能够统率这些材料的某种方式,也就是发现某些规律性的东西,用它们作主线,把卡片按照一定的顺序加以排列。对那些与主题无关或关系较远的卡片内容,坚决地排除在外,不予采用。

在发现与创造某种规律性的时候,最需要花费心血。这种情形,就像扑克牌玩家手中握有一大把扑克牌,他要根据某种规律来构思、排列与组合这些牌,然后在需要的时候,适时地打出去,以获得最佳的实战效果。将卡片排列组合出来之后,充分发挥自己的才智,用高明的语言、手段,像强力胶那样把卡片有机地加以连接与黏合,从而完成文章的写作。

3. KJ 写作法的步骤

（1）围绕着写作主题来广泛搜集有关资料，这些资料可以是文字的，也可以是图片的，还可以是语音的。把这些材料分写在不同的卡片上，资料搜集得越多越丰富，卡片也就写得越多越丰富。要保证这些资料具有一定的价值，然后记录在卡片上。

（2）对搜集到的资料进行二次加工，即对它们进行分析、思考，充分地运用发散思维，此时想到什么就写什么，想到哪里就写到哪里。把它们写在不同的卡片上。这些发散思维发散出来的内容，大多与主题有着相当紧密的联系。

（3）把所有的卡片收拢起来，这时候资料应该是相当丰富的。因为它既有原始的资料，又有加工过的资料。手里有了这么一大把牌，要思考自己怎样去安排、调整，以及怎样去出牌。

具体操作方式：把与主题联系最为紧密的资料卡片挑出来，归拢成一个卡片方阵，这个卡片方阵是有一定内在规律的。一个一个卡片方阵，构成了整个文章的卡片方阵群。它们就是未来文章的主要内容。

（4）选定某一卡片方阵，在这个卡片方阵内部进行分析、研究，把它们按一定的规律、顺序排列出来。紧紧围绕一条脉络，把它们就像串珠子一样一个一个串起来。

在串联的过程中，我们可以采用总分总式串联、起承转合式串联、层层递进式串联、时间顺序式串联，或采用其他某种特别的方式串联等。只要符合一定的规律，不管采用哪种方式都可以。以上是一个卡片方阵内部的串联，其他卡片方阵以此类推。

在串联的过程中，要充分考虑到总体结构，让它们保持着合理与平稳的构架，以及详细与简略的合理关系等。

（5）对不同卡片方阵的先后顺序进行排列，即在卡片方阵内容之间建立某种合适的关系和联结。通过某些关联词语、承上启下的句子等，让卡片方阵之间建立有机的联系，实现"软对接"，使整篇文章的内容合理与完整。

（6）对已经联结而成的内容，进行进一步的整理、加工、修饰与完善，从而最终完成一篇文章。

其实，KJ写作法的原理不仅可以用来写文章，甚至可以用来写书稿，这是更高层次的使用，需要加以专门的训练。

第七章　误区之七　考试超常发挥
对策　胜出最是平常心

考试是对学习和能力的强化检验。要以平常心看待考试，这就要求我们在学习知识时扎扎实实，课后认真做作业。但这不是说考试的方法与策略不重要，可以说，对考试本身的规律也要给予足够的重视。

考试是每个人都会经历的事情，人一生中会遇到大大小小各种考试，每一次考试都是对自己能力的一种挑战，促使自己进一步学习，提高自己的能力。尤其在学校求学期间，考试更是频繁。三国时代关云长"过五关，斩六将"，靠的是实力，而绝不是侥幸。考试同样凭实力，没有实力就过不了一个又一个考试关。有些人指望考试超常发挥，并且把这作为一种追求的效果和目标，无疑大错特错！

考试可不可能超常发挥？可能，但绝不是普遍的原理！超常发挥是可遇不可求的，它是在平时积累的基础上自然而然、水到渠成的事情，而不能在平时抱着侥幸心理，期盼着考场上灵感骤至。

对待考试要有良好的心态，正确地对待考试、掌握考试的规律，运用优良的考试方法与策略，才能在考场上争取主动，大显身手，精彩胜出。

从成功学、人才学等角度来看待考试，我们就能认清依赖考试超常发挥的问题所在。

（1）考试是综合实力的体现。考试是在相对短的时间内高强度地测试自己的能力，这种能力不是一朝一夕、不经过长时间积累就能形成的，有什么样的学习能力，就可能具有什么样的综合实力。在考试的关键时刻，这种实力以答卷的方式表现出来，而且高强度地表现，如果不具有这种实力，就很难攻克考试关。特别是众多家长所关心的至关重要的大考——高考。有些家长期盼着考生临场超常发挥，这种心情是好的，但是事实上很难做到；有的学生也抱有这种心理，反而给自己造成更大的压力，让自己变得被动。其实，考试的能力是平时训练出来的，只要能在考场上正常发挥，就是最好的结果。

（2）考试是对平时做作业的总体检验，可以把考试看作强化了的作业。考试的内容绝大多数都是围绕着平时所学的内容进行的，无论什么题型、什么内容，都离不开所学的知识，只不过在难度、深度、形式等方面有所变化，更深层次地检验自己做作业的效果，所以平时做作业的时候，只要是认认真真，功夫下到，就会对考试有所帮助。

（3）考试可能会急中生智，这是脑能积累的结果。通过平时的学习，大脑中积累了许多信息和处理问题的方法，在关键的时候，它们可以帮助解决考试问题，所以人们说的急中生智是有一定道理的。但并不是所有的"急中"都能"生智"，也不是所有的人都能急中生智。相反，许多人急中出乱，急中出错，急中一筹莫展，所以切不可指望自己在紧急关头一定能超常发挥，要以平常心对待考试。不鸣则已，一鸣惊人；不飞则已，一飞冲天。这种"鸣"和"飞"其实都是平时积累的结果，而不是一急就可以"鸣"、一急就可以"飞"得出来的。

（4）考试的超常发挥是建立在良好基础上才会发生的。某些人在考场上受到环境的良性刺激，感受到适度的压力，就会产生比平时更好的状态。但如果基础不够好，那么几乎不会有超常发挥的可能。就算真的超常发挥了，因为起点太低，也没有太大的意义。守株待兔的故事大家都知道，不去猎兔，而等着兔子撞死在树上自己去捡，会不会跑来第二只兔子，太难说了。

（5）考试是对自己的锻炼和提高。人一生中会遇到很多考试，每一次考试都是对自己能力的一次测试、一种挑战，促使自己进一步学习、进一步提高，所以应该积极地对待考试，千锤百炼，练出自己的一身好本领。

综上所述，对待考试不能一味追求超常发挥，要有良好的心态，正确地对待考试，同时也要掌握考试的科学规律，运用优良的考试方法与策略，在考场上争取主动，大显身手，精彩胜出。

第一节　迎考

不管是应试教育还是素质教育，学习者都无法回避考试，考试是人人都应该修炼成的一项硬功夫。考试可以分为笔试、面试以及操作考试等，它们都是对应考者能力的检验。我们这里所说的考试，主要是针对学生最经常参加的笔试。

考试不仅是对知识的综合考核，也是对心理素质以及情绪控制等能力的考核，因此，考试之前应该做好一系列备战准备，包括精神、物质、学业——特别是学业上的充分准备，迎考时应该制订和实施复习计划，完善应考方略，并且进行生理与心理调整。

一、复习计划

复习是迎考的核心，也是学习的重要环节，有计划地复习可以让知识系统化、组织化，提高自己的能力，最后在考场上加以发挥。制订合理有效的复习计划，并加以实施，对每一个参加考试，尤其是参加重要考试的学生来说，都是极其重要的。

二、内容安排

要参加像高考这样的大考，必须做到全力以赴。高考前的总复习显得尤为重要，这其实也是一个重要的学习阶段。对应考试范围中的知识内容综合学习，融会贯通，整体把握，可以分为以下几个步骤。

1. 制订计划

高考的总复习时间一般是半年左右，主要由老师安排，学生自己可以跟着老师的进度，按照计划进行复习。计划一般分为三个阶段：

（1）系统复习。时间大约在每年的 2、3 月份，这段时间主要是去吃透教材，展开全面复习，总体把握考试内容的内在规律，加深印象和理解，并解决有关问题。

（2）补充强化。时间大约在每年的 4、5 月份，这段时间主要是弥补自己的不足之处，加强前一段的复习，力争让薄弱的地方跟上来，不要在考试中被动。

（3）最后冲刺。时间大约在每年的 5 月和 6 月初，这一阶段主要是总体上把握知识内容，通过回顾，使它们进一步贯通、巩固与强化，可以采用自测的方式检查自己的复习效果。

2. 进行复习

要理解透知识，并且运用知识，就要努力完成复习计划，完成这些复习计划最好的办法是能够进行"四化"复习。"四化"是指什么呢？

（1）消化。对学过的知识真正地理解和掌握，消化它们，将这些知识有规律地储存起来，以备考试时调用。

（2）简化。平时所学的知识内容较多，要采用压缩的方式概括、总结，让这些知识精华，变为自己的智慧，在考试的时候就可以得心应手地加以使用。

（3）序化。经过分析、比较、分类、综合、小结等，理解各科知识以及某科知识的内在规律与联系，让它们有序地进入自己的知识系统。

（4）律化。让知识按照一定的轨迹进入自己的知识结构，以便全面、扎实地掌握，这样可能看上去进度较慢，但其实效果较好，磨刀不误砍柴工。可以说，只有符合规律的方法才是又好又快的。

3. 检查评估

总复习会产生什么样的效果，需要通过检验才知道。对检验出来的不足之处，立刻加强，才会让复习更加有效。这种检查的方式很多，可以请老师帮助检查，也可以自己采用"过电影"、讲述、讨论、设问、自我考核、模拟考试等方式进行，其中最好的是模拟考试的方法。一旦发现不足，马上补救，记忆会更为深刻。

三、复习方法

复习的时候可以采用如下一些复习手段帮助你取得较好的效果。

1. 运用网络式规律复习

一方面，复习的时候，在头脑中将旧知识的内在联系建立起一个网络，按某种规律把它们串联起来；另一方面，把握知识之间相互的联系，去看到它们发生、发展的规律，进一步把握知识内容。这样经过头脑的加工，会产生更为深刻的印象，复习效果自然可以提高。

2. 运用联想的规律复习

可以采用接近率、相似率、因果率、对比率等，展开对知识的丰富联想从而进行复习。

3. 运用分类的方式复习

所要复习的内容如果缺少内在关联，就要把它们进行分类，以便系统地掌握。如我们可以按知识来分，或按动物来分，或按人来分，或按知识类别来分等。

4. 运用四段式复习

（1）精读教材。将课本作为主要复习内容，加强对课本知识的理解和掌握。

（2）编制提纲。对复习内容按照某些规则进行提纲编列，编列提纲本身就是在复习。

（3）背诵记忆。把所要复习的内容有重点地加以记忆，或者是把某些重要内容压缩起来加以背诵记忆。尽可能用最少的语言高度概括所要记忆的内容，便于记住。

（4）通盘把握。对所要复习的内容从宏观上整体把握，并适当调整关注程度，较强的部分可以适当放松，较弱的部分加以补充和加强。

还可以采用程序式复习、整分式复习、竞赛式复习、过渡式复习等，加强复习效果。

四、检测

（一）检测手段

复习是否取得了预期的效果？能不能在考试时正常发挥？我们自己可以采用某些手法来帮助检测。

1. "过电影"

将学过的内容在大脑中"过电影"，过不出来或过不顺畅的地方再翻开书对比、验证，不足的地方可以及时修补。

2. 讲述

可以自己对自己讲，也可以对他人讲，把学习的主要内容讲述出来，讲述的时候既是复习，又是检测，讲不出来的地方再去补充。

3. 讨论

可以和同学讨论，辩论、争论也可以，必要时可以请教他人，进一步加深理解复习内容。

4. 设问

为自己设置一些问题，自我解答，直到满意为止。

5. 自我考核

自己或请别人出一些题，设计成试卷，题量和考试时差不多，然后自己答题。

（二）模拟考试

模拟考试就是在试题、时间、环境等方面都类似于真实考试的检测手段，是对复习知识的检阅和对考试的练习，这种方法可以帮助自己检测复习的效果，总结经验，发现不足，及时补充，也是为实战考试进行心理或生理调适的过程。如果在高考之前多参加几次模拟考试，对考生的高考是很有帮助的。

我们强烈推荐用这种模拟考试的方法来帮助自己，提高发现问题、分析问题和解决问题的实战能力。

第二节　主控考试

在走向考场之前，我们要做好全面的准备，除知识复习之外，还要加强精神准备，要充满自信、冷静地走向考场。同时还要做好物质准备，在进入考场之前准备好手表、圆珠笔或水笔、铅笔、转笔刀、尺子、橡皮、三角板、圆规、量角器等考试用品，可以多备几支笔，切记不要忘记携带准考证等证件，还要准备一些纸巾、手绢、防暑药物等，一定要提前准备，最晚也要在考前一天就准备好，临去考场之前再检查一次。还要做好对环境的熟悉工作，在考试之前一段时间最好能提前去看一下将要去考试的考场，不至于在临考时找不到位置，或者因为环境陌生而产生压力，影响正常发挥。另外，提前至少半小时到达考场，有助于进入良好的竞技状态。

在考试过程中，解题之前要用心审题。审题时，要先纵览全局，把整张考卷看一遍，做到心中有数，然后是聚焦局部，对每一点的信息都要给予关注，不要轻易放过一丁点重要的提示，它们有可能是以微弱的"苗头"出现的。

一、把握时间

有些人觉得考试中时间不够用，确实如此，考场上真的是"一寸光阴一寸金"，如果能恰到好处地把握时间，就可以获得考试的主动权。

（一）按计划答卷

答卷通常要分为三个阶段，它们形成一个连贯的整体：

（1）浏览。拿到考卷之后要做几分钟的浏览，主要是看整个考卷的题目、题型与数量等，心中做一个大致安排。

（2）答题。这是考试中最核心也是最耗费时间的一环，所以要多安排一些时间。

（3）检查。自己的答案准确与否、完整与否，要靠检查才能知道，所以一定要安排 10~20 分钟的检查时间，这是最后努力的机会，不可放弃。

（二）按顺序做题

按顺序做题的意思并不是要按从头到尾的顺序做，而是按由易到难的顺序去做。刚开始的时候很难做到一下进入最佳答题状态。从简单的题目开始，获得初步成功，可以增强自己的信心，让思维进入较好的运行状态，进而比较顺利地进行后面的答题。如果先难后易，则会在前面纠缠花费许多时间，而且也不利于建立信心和使思维渐入佳境。

（三）精确审题

做每道题都要对题目进行认真、周到、深刻的审读，不要在考试中走题、跑题、错题，一旦走题，就会浪费许多宝贵的时间和精力，让会做的题目反而没有时间做了，后果不堪设想。这样的教训太多，也太深刻了。

（四）攻克难关

有些题目比较难，做起来花费时间和精力，但也不能轻易放弃，而是要努力攻破。但一定要安排合适的时间，千万不要为了某道题做不出来而产生紧张畏难情绪，因为难题对其他人来说，差不多也是难题，所以要正确对待。碰到的难题如果实在攻克不了，就暂放一边。随着答题的进行或思维的良好运转，适当的时候回头来做，往往会取得很好的效果。

（五）检查答卷

一定要留下 10~20 分钟检查答卷，发现错误的地方马上加以修改、更正。但也不要因为快到交卷的时间，就匆匆忙忙，把对的反而改成错的，要忙而不乱。

二、卷面

好的应考者的卷面应该是整洁清晰的。这就要求我们在写字的时候尽量规范；要审清楚了题，再去答卷，避免返工，把卷面改得乱七八糟；改写的时候要规范，用一些修改文章的文字符号；流利地答题，尽量不要修修补补，搞得一塌糊涂；交卷时也要避免慌慌张张撕破试卷，或者把汗水、墨水弄到试卷上，既影响美观，也可能把自己答对的地方破坏了，影响成绩。

三、答题攻关

对那些需要花费很多精力去解答的难题，可以采用以下的攻关策略帮助解决。

（一）倒退法

如果正面强攻难以解决，就可以尝试采用倒退的迂回战术，这种迂回战术在解理工科试卷的难题时经常会采用。

（1）难题一般都比较复杂，我们可以从简单到复杂，从最简单的地方入手，得到经验与线索之后再回过头来解决复杂的地方。

（2）有些难题可以从一般推到特殊，对特殊情况加以分析，然后发现它同一般之间的联系。而解决一般问题，就是从特殊的情况中发现线索，推测出解决该问题的方法。

（3）难题通常比较抽象，像块硬骨头很难啃。这时候我们就可以从比较具体的地方"啃"起，然后扩大战果，再进行相对抽象的部分，加以解决。

（4）解答某些难题时，如果放宽某个条件或排除某个条件，就可以解决较容易的地方，抓住这个节点，向整个难题全面展开攻势。

（5）遇到难以解决的难题，可以回忆以前解决类似问题的方式，从中得到启发，在它们之间寻找联系与异同，让解决旧问题时得到的经验帮助我们解决考试新问题。

（6）把难题划分成一块一块的小部分，这些部分既相关，又独立，先解决某一单个问题，再解决相关问题。只要能解决其中一个问题，找到突破口，就能找到途径，渐渐堆积下去，最终使整个问题获得解决。

考试中的难题，面向的都是同等级或差不多水平的人士，你要相信自己，通过一定的努力、运用一定的方法技巧等，是能够攻克的。不能攻克的难题，不太可能出现在普通考试或者是高考试卷中，所以要有信心去征服与战胜。

（二）搭桥法

有些难题迂回解决不了，就要考虑搭桥的办法。搭桥就是在问题和解决方法之间引入某些辅助的材料，就像架桥过河一样，根据已有的条件寻找能够利用的辅助性材料，帮助通过，最终解决问题。这种方法在平面几何和立体几何等问题中非常实用，我们可以创造一些条件，如列辅助表，画辅助线、辅助面、辅助角、辅助体等，引入这些条件之后，问题就会比较容易解决。

（三）风暴法

遇到难题不急不慌，但要精力高度集中，采用风暴学习法，围绕该问题进行发散思维，对以前所学的相关内容展开丰富联想、想象，找出可以解决该问题的线索和角度，并咬住不放，追踪下去，只要抓住某一点或某一条线有所突破，就可以在此基础上扩大战果，使问题得到解决。

（四）冷却法

难题可能出现在试卷的中部或后部，一旦受阻，会对后面的题目产生影响。所以在尝试解决却没有进展时，就要考虑把它"冷却"起来。这里说的冷却就是把它们暂放一边，在后续解题和思考的过程中，很可能会激起对该难题相关知识的联想和回忆，产生某些启发，闪现出思维的火花。而且，大脑使用到相当的程度时，会有某些灵感类的智慧出现，帮助自己。第一次碰到难题，可能会造成心理紧张，等再回过头来看的时候，就好像是一回生、二回熟的朋友，少了一些压力。在解决了其他问题之后，自己的信心会增强，解题的思维越发活跃，情绪越发饱满。此时回过头再来收拾这些麻烦"家伙"，已经有了一定的心理准备，而且大脑思维处于一种相对放松的良好状态，这是最利于解决难题状态。这就是许多人第一次没能解决某道难题，第二次或第三次却可以解决的秘密所在。

第三节　答卷指南

一、答题对策

考试中有各式各样的题目需要解决，试题的解决包含着一些规律，掌握它们，就可以更好地运用知识，解答问题。采用不同的对策解决不同的试题，会产生较好的效果。

（一）填空题

同解答任何题型一样，都要先审题，这是普遍的原理。解决填空题可以分为以下三步：

（1）认清前后语言环境，以及题目中的有关信息，抓住关键词，千万不要让有用的线索漏掉，这些线索是解决填空题的关键。

（2）将精确的内容填进去，看看前后是否能够衔接，衔接得是否得当，如果找不到最精确的语言，可以适当放宽内容。

（3）看看填进去的内容在整个填空题中是否合理，是否能用其他内容代替，一旦发现问题，就要毫不手软地推翻，改进答案。

（二）配对题

这种题目通常在试卷前面，比较简单，如果细心去做，一般都能顺利解决。配对题解题过程可以分为以下四步：

（1）搞清楚它们是单配还是双配，是一配几，还是一配一。

（2）先解决容易做、一眼就能看出答案的题目。

（3）剩下的题目可以运用知识、经验或者是推理判断等加以解决。

（4）实在不能解决的配对题，可以干脆交给直觉来处理。

（三）判断题

判断题通常难度稍大，解答时可以分为以下七步：

（1）根据题目的条件与要求，运用自己的知识、理论加以判断。不要一开始就凭借直觉，要让直觉让位于知识与理性。

（2）对任何一个错误都不能放过，有些题目会故意设置一些迷障，这就要求我们平时多注意知识的积累与巩固，一旦错误内容出现，就能迅速看出问题。

（3）有些内容与词句会故意引诱应考者"上当"，而不是明明白白地呈现出对与错，这样的判断题具有一定的难度。但是注意不要"草木皆兵"，把本来很简单的问题想得过于复杂，毕竟判断题不是试卷中的重头戏，难易要有自己的判断。

（4）"一般""通常""常常""几乎""部分"等词语，可能留下余地与空间，对的可能性较大，但也不要过于绝对，也有些高难度判断题会故意使用这些词语来迷惑应试者。

（5）要解决难度较大的判断题，就必须运用综合知识进行分析、判断，在一定的知识背景中加以解决。

（6）难度很大的判断题一般线索很少，遇到无从下手的状况，只能跟着感觉走，运用直觉判断。直觉往往是应试者平时积累的结果，平时积累扎实的话，直觉就会比较准确，因此在实在找不到答案的时候偶尔为之也是可以的。

（7）挖空心思也做不出的判断题，也不要让它空着，写上答案至少还有得分的可能，空在那里，就肯定是零分了。

（四）选择题

选择题可能比较简单，也可能比较复杂。做选择题的对策有以下几点：

（1）在审题之后，将明显错误的选项马上画掉，为后面解题创造良好条件。

（2）要注意内容与题目的关系，过滤一些人为设置的假象，可能有的内容乍看上去没有错，但是其后可能隐藏着什么，要把要求放在具体的知识材料背景中加以选择。有时选项的内容虽然正确，但放在题目中并不一定合适，要小心处理。

（3）如果选择题出现相同或相似的答案，而题目却为单选，则这样的答案大多是错误的。

（4）答选择题如遇到困难，就要充分运用综合知识进行推测、分析、比较，做出选择。

（5）没有任何线索可言的选择题，就用直觉来帮助自己完成，不要空在那里——除非题目指明做错了倒扣分。

（五）简答题

回答简答题必须简明扼要，言简意赅，抓住要害，这是题型本身的要求。很多人认为它比问答题简单，但要真正答好，达到准确而精练，还是有一定难度的。回答简答题要注意以下几点：

（1）要紧紧围绕着题目进行回答，切中要害，抓住要点。

（2）要点抓住了，再用简单的语言加以解答就可以了。

（3）对于难度较大的简答题，如果没有把握做到准确而精练，可以运用所学的知识拓展思路，发散思维，哪怕叙述得多一些，也不要孤零零只放上几个字。

（4）完全没有头绪与把握的简答题，要运用直觉。我们不提倡答题时运用直觉，不过遇到理性思维解决不了的问题时，直觉可以作为一个切入点，总会比空在那里更有机会得分，除非题目说明答错了要倒扣分。

（六）问答题

问答题相对简答题难度更大，内容更为丰富，它比命题作文要简单一些，可以看作是简答题和命题作文中间的一种试题类型，之所以这样来做比较，是便于大家较好地把握和有针对性地解决问题。答问答题可以采用以下对策：

（1）认真审题最为重要。通常这类题目都放在试卷的后面，分值较高，一旦跑题，则大量失分，对考试成绩的影响不堪设想，千万不能麻痹大意。所以，要审准、认清题目再下手，不要搞错，也不要答到一半，发现问题，推倒重来，那会损失大量的时间和精力。

（2）根据题目要求，总体把握，抓住问题的实质、要害，看究竟要解决什么问题，解决到什么程度，这种题眼性质的词语可以用铅笔圈起来，答题进行过程中，要不时回顾题眼，切中要害解答。

（3）最好在动笔之前先列出答题大纲，避免跑题，大纲列出的是答题思路和相关回答内容，围绕题眼，让想法同回答内容有机结合，大纲要尽量简短，一目了然，主要是帮助自己整理答题思路。

（4）在前面各项准备的基础上，做到心中有数，然后尽快进入实质性的答题，有层次地去解答。

其一，开始正式答题时，开宗明义地阐述自己的观点和态度，生动准确、简单明了。

其二，叙述的过程通常应该从浅到深、从低到高、从里到外等，尽量以专业词汇答题，而不是用口语、白话，因为书面语言要比口语规范，可以让论述更加严密，说服力更强。

其三，如果答题中出现新的想法和思路，尽管大纲中没有，只要需要，就可以写下来。如果对自己回答的内容不太满意，可以随时加以扩充，让答案丰满起来。

其四，有些后面才想到的内容，可以写下来，然后用箭头标到正确的位置上去。

其五，答题时遇到障碍是常有的，不要在那里耗费太多时间，答得出来就答，答不出来就留下相应的空间跳过去往后做，做完其他题目，再返回来填补空下的内容。而且做后面题目的时候，很可能会对前面没有做出来的题目有新的思路，可以直接返回空白处去做，而不要等全部答完后再去做。

其六，在问答题的结尾部分，尽可能与答案的开始部分呼应起来，使整个答案形成一个整体。把题目中的相关语句加以变化，改写成自己的结束语，有利于紧扣主题，也会给阅卷者留下深刻的印象。

二、检查考卷

答完题后，必须要对全部试卷认真检查，检查可以按如下的程序进行：

（1）按顺序检查，不要放过任何一题。

（2）如果发现漏题现象，要及时加以弥补。

（3）运用所学的知识对答案知识把关。

（4）重新检核答题的思路、过程等，验算验证答题的步骤等。

一旦发现错误回答，必须立即加以纠正。但是，如前文所说，一定要注意，不要临到交卷，慌慌张张地把对的当错的改掉。

第八章　误区之八　知识就是力量

对策　知识·智力·能力

知识是前人经验的总结，学习是对知识的理解和掌握。知识自身谈不上什么力量，只有人们在大脑中加工知识，经过思维的升华，变成自己的智慧，进而通过自己的外化成为能力，才能产生力量。

问题的核心就在于此：学习绝不能停留在对知识的了解，而要在学习中注意积累，活学活用，使之变成自己的智慧，进而演变为能力，才能超越知识，创造性地运用和发挥，最终变成不折不扣、真正的力量！

第一节 知识、智力、能力的内涵及相互关系

知识就是力量。这是一句人人皆知的话，我们已经习以为常，普遍认为它是一种真理。从表面上看来，知识是可以给我们力量，但如果没有人类大脑的加工和付诸实践，知识本身并没有任何力量可言。我们在现实生活中常说见过那种书呆子、书虫，他们虽然读书多，但却是死读书、读死书、书读死，而不是活读书、读活书、书读活，大脑中装满了知识，却不会应用，这样的知识再多也没有什么力量。只有人们将知识变成自己智力和能力的一部分，进而在实践中发挥作用时，才化为了能量。

什么是知识呢？知识是人们在对客观世界的认识与改造过程中总结与概括出来的经验与认识。经验可以分为直接经验与间接经验，认识可以分为感性认识与理性认识，任何人的知识都是复合的，而不可能是单一的。它由多种多层知识融合而成，这些知识有机组合在一起，组成了我们经常说的知识结构。反过来说，知识结构就是各种知识的总和。

什么是智力呢？有人认为智力实际上就是素质，作者认为智力与素质并不能等同。素质是一种综合能力的体现，它包括人所拥有的知识结构、思维能力、智力水平、操作能力等。而智力则是综合素质中的主要成分，是人们所具有的认识与改造世界的一种综合能力，具体表现在观察力、记忆力、想象力、思维力与创造力等。

什么是能力呢？能力是指人们完成某些活动所需要的个性心理特征。能力可以分为一般能力和特殊能力，某一项复杂任务的完成，应该是多种能力的综合体现。

知识、智力与能力，是三位一体的，形成人们的综合素质。它们三者的关系既合为一体，又相对独立。知识是智力与能力的根基，智力与能力反过来对知识的掌握、迁移产生影响。知识并不是智力与能力，它只有经过转化才能变为智力和能力，能力是智力在某种条件下的外化表现形式，也就是说，内在的智力与外在的能力是对知识的发扬和升华。智力并不是知识的照搬，而是知识的内化。所以我们要从重知识，转化到重智力，再转化到重能力，让这三者形成我们的综合素质，这是全世界学习领域的一种共同趋势。

第二节　知识

学习就是获得知识的过程，知识是人类经过长期积累的智力结晶。大多数的知识，并不是在知识积累过程中由自己直接经历的，而是在学习的过程中获得的，这比亲身去经历要简便、高效。可以说，学习不应是被动的过程，而是一个主动运用能力的心理过程，如果没有强烈的学习动机及良好的心理活动，那就很难获得知识。如果具备了这些良好的素质，则获得知识的效率就会大大增强。

一、理解知识

理解知识实际上是对知识的概念、原理加以领会和理解，对概念和原理涉及的事物本身的规律及其本质的认识，这些都是靠思维才能获得的。这时的思维围绕着所获得的知识经验，所以说理解就是将知识经验应用于认识事物之间不同的联系，从而深入地看到事物的本质与规律。

如何才能增强理解知识的能力呢？

1. 积极调动各种思维参与学习

任何人对知识的理解都是由简单到复杂、需要思维帮助的过程，思维让我们能够很好地理解知识，是理解知识的重要基础。强化思维的积极性，是理解知识的核心要素，同时还能够培养我们善于理解知识的能力。

2. 获得丰富的感性材料

理解知识需要以思维的方式来进行，在我们的大脑拥有丰富、典型、正确的感性材料时，我们就可以很好地对知识内容展开比较、分析、综合、归纳、抽象、概括等，进一步对事物的本质和规律进行把握。

3. 让知识系统化

对知识的理解大多是在原有知识经验的基础上开展的，所以经验越丰富、越正确，对知识的数量和质量的掌握就会越有利，固有的知识经验可以帮助我们对新知识加以理解。有利就有弊，它也可以对我们理解新知识产生阻碍，我们应该通过事物之间的联系和区别，积极发挥把握知识经验的作用。所以我们应该让知识系统化起来，产生良性影响，避免消极影响，既要循序渐进，又要加强联系，让新的知识进入原有的知识结构，这样可以理解新知识，也可以把握新知识。

二、巩固知识

巩固知识通常是以复习、运用等方式让已有的知识更加牢固，它是积累知识的重要前提，也是学习新知识的必要准备，更是应用知识的必备基础。

如何才能巩固知识呢？

1. 发挥自己的主动性与自觉性

对知识的巩固会随着兴趣的增加而得到加强，感兴趣的东西会比较容易记住，不感兴趣的东西则比较难记住，所以我们在学习的时候，要努力培养自己的兴趣，带动求知欲，自觉主动地去学习知识。

2. 充分运用理解来巩固知识

对知识的理解越深，则记忆的效果越好。所以我们应该在学习知识的时候，充分地运用"理解"这个武器去掌握知识，让理解的东西进入我们的大脑，调动一切积极因素，尽可能理解所学习知识，而不要死记硬背，在这方面哪怕是多花点时间也是值得的，一旦理解了，就比较容易记住。

3. 把握记忆规律

记忆有许多方法，只要我们遵循一定的规律，运用这些方法，就可以减缓对知识的遗忘。再根据"记忆曲线"在知识被遗忘之前进行巩固，知识就不会轻易"跑"掉了。

三、运用知识

对于学生来说，运用知识即运用所学过的知识解决某些问题，可以是课本中的问题，也可以是生活中的问题。运用知识是掌握知识重要的手段，它可以有效地帮助我们进一步加深理解与巩固知识。

以下几个方面对运用知识有着重要影响。

1. 对知识的理解和巩固直接影响到知识的运用

如果对知识的理解只停留在感性阶段，那么我们可以运用的范围相对就要小得多，只能局限在自己经历过的事物上，无法运用于新的事物。理解知识不透不深，既妨碍运用知识，又容易扩大与缩小运用范围。

巩固的知识可以有效地在现实中加以运用，一旦我们在现实中遇到事情，巩固的知识就会跳出来解决问题，否则，在需要的时候处于一种朦朦胧胧的模糊状态，则无法有效地解决实际问题。

2. 智力对于运用知识具有重要影响

遇到解题或解决实际问题的时候，智力不同的人通常会有不同的表现。

3. 课题性质对于运用知识有相当的影响

同样的人在运用知识解决不同性质的问题时会产生不同的效果。

学习的动机和个体的情绪对运用知识也具有一定的影响。

第三节　智力

一、智力的特征

智力的特征是指在各种活动中展示的智力因素所具有的共同性，最本质的特征是在各种智力活动中拥有深刻影响力的某些心理因素。了解这些智力特征，有助于我们扬长避短。

1. 智力拥有独立性

独立性是人们在现实生活中所表现出来的最为基本的特征，拥有了独立性，人们才有可能拥有自为性、探索性。

2. 智力具有灵活性

灵活性体现在面对千变万化的现实生活时，智力能够帮我们顺利地分析与解决问题，让我们在具体问题中不断提升、积极发挥自己的思维能力。如果能迅速、灵活地运用知识，就可以将智力特征出色地表现出来，所以人们说"急中生智"，在危急关头，人们往往表现出超常的、灵活的智力，从而化险为夷，闯过难关。这一点在考试时往往能得到很好地体现。

3. 智力具有差异性

人们的智力在现实生活中表现出来的水平不尽相同，有的人智力水平较高，有的人较低；有的人年轻有为，有的人大器晚成；有的人在此方面表现突出，在另一方面表现较差；等等，不一而足。但无论怎样，智力作为一种能力，能够训练和开发。有些人表现得呆缓，并不是说他的智力不能提高，去完成复杂的任务和创建重要的成果，只是他的智力金矿被埋在了沙砾之中，需要淘金。

4. 智力具有创造性

在分析和解决问题的时候，采用联想与想象，展开丰富的思维活动找到某些途径，直达解决问题的根本，在现有基础上得到突破性进展，在未知领域内展开创新，积极地探索、突破、攻关、创新，这能高度体现出智力的能量。那些成绩突出、学习能力较强的人，或是在事业上有重要成就的人，智力大多表现出创造性的特征。

此外，智力还有许多其他特征。如自主性、实践性、机敏性等。

二、智力的提升

智力是一种能力，既然是能力，就可以通过不同的途径加以训练和提升。

1. 环境因素对智力的影响

良好的物质、文化环境与教育环境对智力具有积极的影响。对于大部分人来说，智力的改变受到环境与教育的直接影响，因为人要随着环境、在具体的实践过程中形成与发展自己的智力。

人们的思维和活动都是在相应的社会背景下展开的，自然带有社会与人文环境的烙印，这就是时势造英雄的道理。有时，人的智力会有突出的表现，是因为环境提供了发展的土壤，例如，在盛唐时期和目前我国的社会发展形势下，各式各样的人才源源不断地涌现出来。

同样，客观世界也会制约智力的发展。人永远不可能脱离开社会环境而独立发展智力。"狼孩"离开人群，与狼为伍，他就无法达到人类平均的智力水平，只有回到人类社会中来，接受人类的教育，受正常社会环境的影响，他才有可能获得智力的提高。

2. 学习与教育对人类的智力发展影响极其重要

学习是让自己用有计划、有目的、有组织、有步骤的方式对智力加以开发，根据神经生物学的研究结果，大脑只有在有丰富、良好的信号刺激的环境中时，神经细胞才能具有较强的生长能力。这就是为什么有许多家长希望自己的孩子能上个好学校，或者到大城市接受教育，那里的环境确实有利于智力的提升和能力的培养。

3. 主观努力可以提升智力

人们可以通过在现实中的活动与实践，不断地刺激、影响、提升智力。在现实生活中，我们的兴趣、需要、动机、情绪、气质等都可以影响到智力。环境因素给智力发展提供了前提条件，但不是决定性因素，而自己的主观努力、上进的动力才能让我们有效地发展与提升自己的智力。任何人无论环境多好，条件多优越，大脑多康健，生活多丰富，如果没有树立远大的目标与崇高的理想，主观上不努力，智力就难以提升。外因只是条件，内因才是决定因素，外因通过内因起作用，只有外因和内因两个方面形成合力，才可以得到好的结果。因此作家高尔基认为"天才在于勤奋"。

第四节　能力

我们可以依据不同的标准对能力进行分类。

1. 一般能力和特殊能力

我们把从事各种活动所具备的基本能力视为一般能力。一般能力包括观察力、记忆力、思维力、操作力、创造力等，思维力是一般能力的核心。

特殊能力则是从事某种专业活动需要具备的特定能力。如音乐家的音乐表现能力、节奏感等。

2. 认知能力、操作能力和社交能力

认知能力主要是指认识事物的能力，它包括感知力、记忆力、想象力、思维力等，是我们认识客观世界，掌握各种知识最基本、最重要的能力。

操作能力是人们通过意识支配自己的肢体，作用于客观事物的活动能力。它包括生活劳动能力、艺术表现能力、体育动力能力等。

社交能力则是与他人交往，加入社会群体生活，保持协调与良好关系的能力。包括组织管理能力、调解纠纷能力、处理事故能力等。

3. 再造能力和创造能力

再造能力是人们对榜样或相似模式的模仿能力，如临摹能力。

创造能力是根据实际需要，创造出新的具有社会价值的思想和产品的能力，如科学家研究出新的理论、作家创作出新的作品等。

总之，能力是人们综合素质的主体部分，它可以调动知识、运用智力去解决实际生活中的问题。人的综合能力是各种能力的有机组合，融合了各种因素，成为一个水乳交融的应对体系。例如，任何一架高性能的现代化战斗机，其每个部位、每个零件的品质可能都是优良的，但不能因此就说明该战斗机品质优良。如果组装不好，其优良的部件可能反而变成不利因素。需要注意的是，战斗机中某个部件质量的好坏，对

其他部件没有直接的影响，但是在能力结构的基本因素中，某个因素一旦出现情况，就会不可避免地影响到其他因素，让整个能力体系受到局限和干扰。可以说，各种基本因素在能力结构中各自发挥作用的同时，还会互相牵制、彼此影响。

一、基本能力

每个人都应该具有多维与多层次的能力，在知识经济时代，我们应该有意识地培养与发展一些基本能力。

1. 分析问题与解决问题的能力

我们所有的学习目的都是为了更好地分析与解决问题。也就是经过对事物的研究、分析，发现事物的本质，得出科学的结论，最终解决问题的能力。我们解决任何问题都离不开这种能力，它是我们应该且必须具备的基本能力。

2. 组织管理能力

组织管理能力是计划、决策、指挥、交往等多种能力的综合。在知识经济时代，科学研究与技术工作都需要协调的互助合作，个人行为已很难适应。许多重要的发明创造与技术革新都是由科研机构或者集体展开，在单位之间、学科之间、国家之间、经济体之间展开广泛的经济与技术合作。因此，我们必须具备相应的组织管理能力，加强协调、沟通与合作工作。

3. 自学能力

我们通过不断获取新知识来充实自己的知识结构，这个过程中需要大量的自主学习，这就要求我们具有一定的自学能力。自学能力是每个人走向成功的必由之路，拥有这种能力，我们就可以一步一步走向知识的高峰，获得更大的成就。

4. 表达能力

借助语言、文字、图表、符号等表达思想感情、交流信息的能力就是表达能力。语言表达、中外文写作、图表表达与数字表达等活动都需要这种能力。在不同的领域、不同性质的工作中，"表达"的方式不尽相同，能力的体现也不尽相同。我们要尽量把研究成果、设计方案、思想感情等准确、清晰、有效地加以表达，让别人理解或接受。

5. 适应能力

能够及时调整，让自己的生活方式、思想认识、价值观念、思维习惯等与外界环境、时代相适应的能力。当今世界是高速变化与发展的世界，新思想、新文化一浪高过一浪，人们的思想、观念在急剧变化，社会环境也在急剧变化，我们每个人都应该有一定的适应能力，而且不是消极被动地适应，而是顺应发展规律和时代潮流、跟随着时代的进步和发展的适应，可以为社会贡献自己的创造性思维和劳动的适应。

6. 操作能力

在实际生活中运用自己的智慧、技巧完成具体的学习、训练、实践等的能力。没有操作能力，许多想法都只能流于空想，而无法付诸实施。夸夸其谈是不行的，要落到实处，就必须学以致用，手脑并用，体智结合，让自己的思维成果转化为物质成果，在现实生活中大显身手。

7. 创造能力

我们必须在实际生活和学习中独立思考、大胆创新，发现新问题、提出新方案，使问题获得创造性的解决，让我们的能力得到最大程度的展现，让自己的认识能力和实践能力得到高水平的发挥，进入能力施展的最高境界。

二、优化能力结构

优化能力结构是时代和社会给我们提出的课题，能力结构尽量合理，才能在现实生活中更充分地发挥。

那么，怎样优化能力结构呢？

1. 强化基础知识

知识是认知与变革的前提，可以说，强化知识和优化能力结构是互相促进的。

我们学习任何知识内容，都要进得门来，升堂入室，而不能走马观花，敷衍了事。只有深入学习，深入思考，才能熟记于心，并且在各学科以及交叉与边缘地带灵活运用，使自己的能力得到提高。将知识学深、学透、学活，让知识融合在自己的能力之中，不是死记硬背，只为应付考试，而是既可以获得考试成功，又可以将知识广泛应用。

2. 将知识转化为能力

学习主要是为了掌握知识，并将知识转变为能力的一部分。这个过程是通过"转换器"实现的，这里的转换器是指稳定与熟练的技能，它让我们的能力得到提升，能力结构获得巩固。如果我们的实践能力增强，则实践质量相应就会增高，研究能力与创造能力也会随之提高。例如，我们开汽车，只有掌握了基本的知识和技能，反复练习，才能把车开走、开快、开好。如果不学、不开，只是一味地想、说，则永远也不可能让车开起来，更不要说开好了。

3. 利用实践强化能力

实践能增长知识，并且使知识转化成能力。相应的实践活动会带来相应的能力发展，所以我们要依据现实的具体情况，不断总结经验、修正错误、顺应事理，发展自己的能力。比如通过实验、实习、写论文、进行社会调查与社会实践、担任学生干部、参加社团活动等，都可以运用科学方法在实践中将自己的知识、理论升华为能力。

能力永远不是别人给予的，而是要靠后天去学习和培养，在实践中一点一滴地积累起来。所以，任何人都不要幻想自己能够不经过艰苦的努力、勤奋上进，就可以一步登天。应该从我做起、从现在做起，一步一个脚印，一步一个台阶，走出自己的一片天地。

4. 形成独特的能力结构

个体的能力结构既有与其他人共同的特性，也有自己独特的个性。能力结构对每个人来说都有相应的个性色彩，不可也不必强求一致。对个体来说，没有"最佳"的能力结构，只有"最适合"的能力结构。我们可以借鉴成功人士的能力结构，却不能生搬硬套，模仿别人。西施的一举一动都是她个性化的表现，东施去模仿她，只能适得其反，被人称为"东施效颦"。每个人的道路都不可能完全一样，世界上没有完全相同的两条河流，各人走各人的路，不能一味地跟在别人后面模仿。适合别人的未必适合自己；不适合别人的未必就不适合自己。他人成功的经验可以借鉴，可以从中受到启发，但不能单纯套用。

能力结构的建成与完善，必须要建立在对自己正确评估的基础上，了解自己的长短优劣、素质高低、学习状况、适应能力等，能够在战略战术上随时调整自己、扬长补短、克服弱点、不断充实，逐渐形成稳定的能力结构。这样，才能在实践中充分展示出自己个性化的能力结构的魅力。

第九章　误区之九　成功 = 99 分汗水 +1 分灵感
对策　成功 = 学习力 + 操作力 + 创造力

　　人们常说的成功公式：成功 = 99 分汗水 +1 分灵感，作为一句普通的鼓励性语言是没有问题的，但一旦被上升为一种理念，认为成功靠的就是吃苦，就不能不认真对待了，这容易让人误入歧途。许多人把它当作一种规律性的指导看待，很像我国传统上学习要"头悬梁，锥刺股"式的刻苦用功。这实际上是种误导！

　　并不是说刻苦学习精神就不需要了，我们强调的是苦干加巧干。没有巧干，再苦也不行。要想达到最好的效果、获得最好的成绩，就要正确处理好苦干与巧干两者之间的关系。要想学习好，靠付出多少汗水是根本不够的，必须要有正确的方法与策略。

在知识经济时代，我们要想获得成功，需要学习力、操作力与创造力三足鼎立，构成超稳定结构，三力合成向上，形成事业的金字塔。三力大小直接影响金字塔的大小，就是说三力越宽越高，形成的成功金字塔就会越大。

三者缺一不可，否则无法形成超稳定结构，更不能形成向上的合力。可以说，缺了学习力，就谈不上操作力与创造力；缺了操作力，在学习力与创造力之间就没有凝合剂，就不能发挥各自有效的作用；而缺了创造力，学习力与操作力就没有自己独特的能力与魅力。对人生事业是这样，对学习同样是这样。

学习力就是竞争力，是我们每个人获得成功的最根本的力量。学习力是由观察力、记忆力、想象力等构成的。关于记忆力，我们将在专门的章节里介绍与探讨，这里我们将向大家分别介绍观察力和想象力。同时在这一章中，我们还会介绍构成超稳定结构的另外两种能力，即操作力和创造力。

第一节　学习力

一、观察力

观察力是我们学习所需的基本能力之一，它对学习和掌握知识具有初步而直接的作用。进化论大师达尔文说过："我并没有过人的机智，只是觉察那些稍纵即逝的事物并对其进行精细观察的能力，可能在众人之上。"

观察力可以通过训练加以提高。我们可以通过对观察力的训练来培养我们的创造性思维。观察主要是对客观事物进行观察，它可以引起我们对客观对象进行思考，它是获得感性知识与理性知识的重要方式，也是对认知对象信息的接收和感应。对事物内在与外在的反射，让我们可以更好地认识和把握事物。

观察的理论基础是把对客观表象的感觉传输给我们的大脑思维主体，然后我们的思维进行再度加工。通常，它是我们对事物取得第一手资料的重要步骤。因此，敏锐的观察可以帮助我们提高分析、综合、提炼的能力，让我们在客观的基础上分析问题、解决问题。

通常，客观事物是错综复杂的，因此我们的观察方法也应该有所变化。这就要遵循观察的规律，从而更好地认知事物。我们可以通过掌握一些观察方法来提高自己的观察能力。

1. 观察的方法

（1）联系观察法。在观察某一事物的时候，我们可以将它与类似事物联系起来观察。对事物的某一部分也可以和其他部分联系起来观察。事物之间大多存在这样那样、或多或少的联系，可以在这些普遍的联系中找出不同的地方，也可以在不同的地方找出它们普遍的联系。这样可以避免孤立地去看待问题，也避免忽略了某些联系，从而使我们具有更加缜密与严谨的思维能力。

（2）即时观察法。由于客观事物本身是不断发展变化的，而不都是在有组织、有计划的客观条件下按照某些规律表现的，所以人们的认识和观察就受到了许多局限。这就要求我们在观察的时候尽可能不要错过机会，采用即时的方式展开对材料的搜集、整理与积累，尽量搜集相关信息，以便全面客观地认识事物。

（3）立体观察法。现实事物大多以三维立体的形态展现在人们的面前，因此我们不能只从平面的角度去观察，否则就像盲人摸象一样，以偏概全，无法完整把握事物的全貌。我们可以从局部到整体，再由整体到局部，对事物通盘地观察、了解与理解。

（4）重点观察法。做任何事情要根据目的有重点地去做，观察也是这样。要根据目的和计划，积极主动地观察最具有本质特征的内容。抓纲带目，做到一叶知秋，不要抓一些无关紧要的内容，捡了芝麻，丢了西瓜。

（5）层次观察法。任何事物都由不同的侧面、不同的层次、不同的角度组成。我们正是从这些不同之处入手，去发现它们内在的联系，通过深入细致的观察认识到事物的本质所在。从总体着手可以，从阶段着手可以，从不同的方面着手同样可以，对这些观察的结果进行总结、分析、概括、对比，最后得到正确的观察结果。

（6）比较观察法。我们可以把此事物与彼事物加以比较对照，在比照中看它们所具有的相同与不同之处。在比较的时候，我们的大脑已经在分析思考，可以在它们各自不同的特征中发现事物的本质。

2. 怎样提高观察能力

掌握对事物的观察方法，并不能保证一定得到好的观察效果，我们还应该全面培养自己良好的观察习惯和素质，从以下几个方面我们可以加强锻炼：

（1）培养良好的观察心理素质，在观察的时候尽可能地排除不良心理因素的干扰，避免被心理定式、情感隔阂、成见、偏好等蒙住了自己的双眼。要从事物本身出发，而不要把个人的意志强加于该事物；要敢于正视现实，又要敢于正视自己。否则，就不可能获得良好的观察效果，因为不良的心理因素会妨害我们客观公正地看待事物。

（2）正确地把握自己的观察角色，积极主动地展开观察，把自己的思维正确地投向所要观察的事物。要有详细的观察计划与明确的观察目的，引导我们聚焦与透视事物。它可以集中形成穿透力，深入观察对象的核心本质，从而更准确地把握该事物。

（3）带着客观公正、不偏不倚的态度观察事物。不能戴着有色眼镜去观察，也不能从门缝里看人把人看扁了，要超脱一些，以免受到过多限制。不同的人在观察同一事物之后，得出的结论可能会截然不同，这里面重要的原因在于立场、观点、态度不同，导致结果不同。如果不从客观、中立的角度去观察，就比较容易片面，就不会看清事物的本质。如果尊重观察规律，即使观察结果不同，也能尽可能接近事物的本质。

（4）建立良好的观察习惯。在观察事物时要勤于记录，不要懒惰。在观察之前多做一些准备工作，在观察的时候要积极主动，避免走马观花、浮光掠影，而要抽丝剥茧，不放过任何重要的线索。

（5）超越常规观察事物。在观察事物的时候用创造性思维，摆脱常规式的观察，要扩大视野，从观察对象中发现新情况、新问题，运用新思维，得出新结论。不要被传统的、常规的思维方式束缚了手脚，否则就难以创造性地发现事物的内涵和本质。

（6）凡事要多问几个为什么。事物并不都是可以一眼看穿的，尤其是一些复杂的综合体，要观察它们，就要层层扒皮，最终挖掘出事物的真相。这一点在科学研究中更是至关重要。所以爱因斯坦说："提出一个问题往往比解决一个问题更重要。因为解决一个问题也许仅仅是科学上的实验技能而已，但提出新的问题、新的可能性，以及从新的角度看旧的问题，却需要创造性的想象力，而且标志着科学的真正进步。"

罗丹有一件雕塑作品，反映 13 世纪意大利暴君乌谷利诺父子被囚禁的场景。乌谷利诺父子被起义的人们囚禁在高塔里，活活饿死。雕塑上乌谷利诺的一个儿子已经一命呜呼；另一个儿子正在他的身边垂死挣扎；而乌谷利诺本人也处在极度饥饿中，爆发出野蛮的兽性，他伏倒在已死去的儿子身上，想吃他的肉，但是人性的一面仍然在顽强地抗争，使他无法下口。这种残酷的兽性与人性的激烈较量，使乌谷利诺的面孔悲惨地抽搐着。这件震撼人心的雕塑作品，具有极其丰富的表现力。通过对这件作品的观察，我们可以挖掘出许许多多深刻的有关历史、现实、人性、思想等方面的震撼人心的内容。经常进行这样的观察可以有效地训练我们的观察能力，对学习与开发脑能大有裨益。

二、想象力

想象力是我们学习力的另一个基本方面。想象力可以帮助我们更好地学习知识与发挥思维的能力。人人都有无限的想象潜力，我们的大脑具有这样的功能，如果把这些潜力发挥出来，将会产生惊人的效果。

想象是人在大脑中对记忆所提供的材料进行加工，从而产生新的形象的心理过程，也就是人们将过去经验中已形成的一些暂时联系进行新的组合。它是人类特有的对客观世界的一种反映形式，能突破时间和空间的束缚，达到"思接千载""神通万里"的境域。

1. 什么是想象力

想象力就是对事物展开丰富想象的能力。一个人想象越丰富，想象的能力就越强，所以说想象也是一种能力。

2. 想象力的规律

想象具有自己独特的规律，而不是没有条理、不着边际地胡思乱想，它建立在一定的现实基础上，遵循一定的规律：

（1）我们可以根据实际需要，对事物加以了解和认知，对获得的信息进行加工和创造，从而得出合理的想象。

（2）我们可以对事物的感觉、知觉、记忆、情感、思维等进行整体加工，从而系统地认识事物的本质，并产生想象。

（3）如果我们拥有大量观察材料，或者拥有丰富的人生经验，就可以给想象提供重要的平台。这种材料与经验的积累越丰富，想象就会越丰富。想象能够帮助我们认识事物的本质，帮助训练我们的思维，也可以让我们的思维具有创造力。

3. 想象的重要特征

我们可以通过培养想象力来培养大脑的思维能力。认识想象的重要特征，是我们训练想象力的重要前提。依据这些特征，我们才能去训练我们的想象力。

想象的重要特征是什么呢？

（1）想象是由多维形态构成的。想象本身就是生动鲜明的，是丰富多彩的，可以在某个特定的时间、环境、状态中进行，甚至可以超越时空、现实、生活进行。只要有需要，我们就可以自由发挥，让它们从大脑的潜意识中生长出来，变成美丽的大树。

（2）主动思维，产生想象。观察和了解客观事物，根据这些感觉和认识，加工整理然后加以创造，在我们需要更好地表达与展现某种思维时，便可以展开想象。有一幅西洋名画叫《生命》，画面上是一些大大小小的风采绝伦的儿童与妇女裸体形象，一条美妙的河流从上到下流过来，展现的是自然带给人类无比精彩的生命。这就是一种对生命的美好想象和崇高赞美。

（3）左右脑协调产生想象。我们在对现实事物的认知中，将由原形表象与文字表述的事物的某种信息输入大脑。这些信息在必要的时候，纷纷以某种特定的形式"闪现"出来，形成新的排列组合，依据主要的目的，进行重新创造而形成某种新形象。

（4）想象是对现实高度形象化的写真。看起来想象似乎不需要以现实为基础，可以上天入地，无拘无束，但实际上并非如此。有价值的想象，大多都是合理的想象，具有现实基础。失去良好的观察与现实基础的想象，是没有生命力的想象。例如，"八仙过海"中的"八仙"，各个形象栩栩如生、才艺高超，多少年来为人们喜闻乐道，说到底，他们是现实中人们理想化的人类精神的象征，也就是说他们具有相当的现实基础。

（5）创造性是想象最重要的特征，它是创造性心理活动的结果。我们从来也不满足于某种框架与模式，总是寻求思维和形象的发展和突破，这是人类作为具有高级思维能力的灵长类动物的需要，也是人之所以为人的根本原因。我们人类可以展开丰富的想象，动物却不行。美洲虎不行，座头鲸不行，非洲狮照样也不行。只有我们人类才具有复杂的心理活动与高级思维能力，才可以产生丰富的想象。

4. 怎样更好地想象

想象对于我们人类的生活、学习、工作是如此重要，所以人类千方百计发挥自己的想象力来提高创造力。怎样才能更好地想象呢？这就要掌握想象的方法。想象的方法多种多样，举不胜举，但它具有某些规律：

（1）科学想象，即用科学的思维方式展开想象，甚至异想天开。科学上许多重大成果都是科学想象的结果。

（2）根据事物现有的状况，多问几个为什么，从这些问题中，找到想象的契机。

（3）用联想的翅膀帮助我们展开想象，联想与想象是一对孪生姊妹，二者相得益彰。

（4）进行大脑风暴，运用多种思维能力展开想象。

（5）努力实现突破，在旧的形式和状况中寻求新的表现方式。

（6）对客观事物某些特征加以综合和概括，产生新的想象。

5. 提高想象力的方法

我们可以通过训练来加强自己的想象力，这就是在认识客观世界与加强自我修养的基础上，充分发挥自己的主观能动性。将开发大脑潜能与上面所述的想象的基本手法结合起来，可以训练并增强想象力。下面是提高想象力的一些方法：

（1）积累丰富的人生经验及现实生活中的素材，建立起丰富的感性认识和理性认识，不断地怀疑、否定、探索、创新，借以提升自己的想象力。

（2）以饱满的创造热情作为我们想象的动力和源泉，做任何事都要带着满腔的热情。强烈的感情能够激发起对事物的浓厚兴趣，使自己的精力集中起来，提高想象力。

（3）带着极大的兴趣投入想象。对于事物的好奇，可以产生兴趣，有了兴趣，就想弄个清楚明白。追根刨底的好奇心，使我们不会轻易放弃目标。在强烈的好奇心的驱使下，会产生对某一客观事物持久而且强烈的想象，形成一种强大的力量。所以做任何事都要有浓厚的兴趣，促使自己产生丰富的想象。

（4）运用高超的整合能力发挥自己的想象。客观世界的万事万物之间存在着千丝万缕的内在或外在的联系。它们各自有着不同的特点，而这些特点之间具有某些有机的联系。借助这些联系，可以帮助思维发挥想象，以获得想象力的提高。

（5）让自己的语言、表达和感受能力更加丰富。任何思维都是建立在语言媒介基础上的，无论什么样的想象，其表现都要以语言来实现。因为想象本身并不是目的，目的在于想象产生之后使其在生活中发挥作用，这就要求我们必须用语言把这种感受形象地表达出来。

（6）想象可以在大脑中表象丰富的情况下更有力地展开。任何事物外在形态的基本构成展现的是表象，对表象的深入了解和把握，可以丰富我们大脑中想象的层次、广度与深度。要通过实践活动，不断地积累、丰富这种作为想象素材的客观表象。我们可以通过平时多学习、参观、访问、旅游、请教、观摩、阅读等来实现这个目的，不断提高自己的想象力。

第二节　操作力

操作力是把学习到的知识付诸实践的重要手段。没有操作过程，所学的知识只能闲置在那里，不能发挥作用。可以说，操作力是知识与现实之间的桥梁，没有这个桥梁，二者就无法沟通和联结。

我们对任何事物的认识和探索，最终是为了按照自己的意志去改造客观世界。不管采用哪种思维或哪种手段展开对现实生活与相关内容的思考和理解，目的都不仅是掌握它们，更重要的在于运用它们，实现自己的目标。

一、操作力与思维力的联系

操作力在这里主要是指对于客观世界事物的实践过程，它是人类智力活动内在和外在思维的表现形式。我们可以把各种因素进行综合，将实际的操作实践中思维的智能成果与客观物质表现，以操作力来加以实现。它是一个思维联结的具体过程，因此，操作力与思维力之间具有紧密的联系。

1. 思维力的具体表现就是操作力

思维即我们思考问题所采用的方式，这种思考结果的对错、成败、好坏等最终都是以实践来检验的。实践是检验真理的唯一标准，检验思维也是如此。思维力强的人，操作力可能也强；思维力弱的人，操作力可能也弱。因此，思维最后也最有效的检验手段便是操作。

2. 思维是实现结果的重要途径，操作力是实现从思到悟的主要手段

思维总是走在行动的前面，它是以停留在大脑中的观念的形式存在的，怎样使它富有实际价值呢？只能让它转化为外在的实践，让它在社会与生活中产生价值。

3. 操作力集中体现了思维的创造力

操作力不是孤立、单独存在的，它和人们的观察力、记忆力、想象力、创造力是

有机联系在一起的，是建立在它们基础上的综合实践能力。就是说，操作力只有建立在观察、记忆、想象、联想等基础之上，才能来实现高度综合的思维力。

4. 操作力可以帮助提高思维力

这主要是通过训练与强化：操作力越强，思维力也就越强；思维力越强，操作力也会越强。它们是水涨船高，相互促进的。

二、操作力的特点

我们可以让操作力在训练与练习中不断增强。要训练操作力就必须要了解操作力有哪些特点，从而有针对性地展开积极的训练，迅速、有效地提升操作力。

操作力具有哪些重要特点呢？

1. 操作力具有总体把握能力

在观察力、记忆力、想象力、创造力等综合因素上发挥操作力，操作力才能有雄厚的基础条件，从而形成一种操控能力。但它又受到许多主客观条件的制约，这就要求我们具有高超的组织、协调和控制能力。这种能力，就是人们通常所说的情商，它能够让人们的思维较好地施展出来。

2. 操作力的根本要求是完善、合理地实施

思维所要表现的终极目的，必须以实践加以检验，因此准确的操作会影响实践的价值，操作力直接体现思维力。例如，爱因斯坦提出的"相对论"、达尔文提出的"进化论"等都是科学家复杂的创造性思维所表现出来的成果。没有那些复杂的创造性思维活动及其实施，就没有这些科学成果。

3. 操作力具有灵活自如的特点

大千世界，万事万物，对象、因素等多不能确定，许多因素会干扰我们的操作实践。而要让这种操作实践持续下去，我们应该根据内在和外在的诸种因素，不断地调整，可以以不变应万变，也可以以万变应不变，可以以静制动或以动制静。这就是随机应变的真谛。

4. 操作力的实施要求我们拥有开阔的视野

客观事物具有对立统一性，它们互相干扰、影响、排斥、吸纳，一方面增加了我们认识客观事物的难度，另一方面又给我们带来认识的极大便利。在积累了丰富的经

验之后，我们就可以更有效地融会贯通，左右逢源，有效地实施操作力。

5. 操作力要求我们建立良好的审美修养

人们对客观事物的认识和自我修养，决定了他们所能达到的要求、期望和见解，可以根据自己理想的目标加以操作和完善。修养和素质对具体操作的实施具有直接的影响，这种修养和素质的水平，决定了操作的水平。

6. 操作力实施需要拥有良好的心理承受能力

必须承认的是，每个人在现实生活中都会遭遇到许许多多的失败，伟人和天才同样也不例外。他们的成功只是表现出来的最终结果，而不代表过程，失败为成功之母讲的就是这个道理，没有失败就不可能有成功。"不经历风雨，哪能见彩虹？"爱迪生在试验蓄电池时，经历了上万次的失败，朋友们安慰他，他说："没有什么，我只不过是找到了 10000 种不能成功的原因。"所以我们要有强大的心理承受能力及坚忍顽强的毅力来实施操作力。

7. 敏捷的反应能力，能够帮助我们实施操作力

操作力是把思维的结果表现出来的一种能力，因此对客观世界进行快速、有效与新颖的思考，可以帮助操作力的实现。所有的新颖思想和创造思维成果都必须经过操作力，转化成物质形态，而这就离不开实现这一目标所需的敏捷的创造性思维指导。

8. 操作力的实施，需要强制性的自制力

操作力的最终实现，建立在良好的思维基础上。具体实施的过程，要有良好自制力的配合。许多人都有一定的惰性，不能克服这些惰性，不能积极地走向操作实践，就不能对思维和构想展开操作，就可能半途而废。

9. 操作力的实现，要建立在良好的质疑能力基础上

在我们把思维力转化成操作力的具体过程中，首先要对事物的本质加以了解，并且善于从中发现问题并加以分析，结合具体有效的操作技术和技巧，并随时调整，以实现操作的顺利进行。

10. 操作力的表达

操作力的完美表达，需要有具体的训练和完善的知识结构，体现出自己对客观世界的思维力与创造力。由此展开具体实践，在具备雄厚基础知识和掌控事物变化规律的基础上，具体问题具体分析，以相应的能力完美表达操作力。

第三节　创造力

我们现在所处的时代是高度信息化的时代，计算机、互联网及人工智能等技术的高速发展，在许多方面减轻了人们的劳动强度和大脑负担，可以让我们从复杂纷纭的劳动事务中获得解放。大脑储藏知识的功能日益弱化，这减轻了大脑从事简单劳动的强度。但是，对于知识资讯高速发展的现代社会，人们的创造性思维便显得更加重要。这时候大脑的功能主要定位在开展创造性思维，并且要大幅提升这种创造性思维能力。大量事实说明，人人都拥有无比巨大的创造潜能，而创造的机会也随处可见，创造可以随时随地展开。日常生活中，我们经常能发现那些不够合理、不尽完善的事物，稍加琢磨和改造就可以实现创造。人们常说，处处留心皆学问，我们也可以说，处处留心皆创造。

但是，有些人对周边熟悉的生活与环境中的许许多多状况熟视无睹，让机会白白溜走。其实，机会无处不在，无时不有，就看自己能否用一双慧眼去发现。就算没有慧眼也可以创造慧眼，这实际上就是创造性思维的表现。抓住这些机会，可以逐步提高我们的创造力。要提高创造力，就应该在掌握创造方法、完善创造机制与扫除创造障碍等方面下功夫。

关于创造力的研究，西方学者的研究开展得较早，有许多东西是值得我们借鉴的，比如主要从加强和训练创造性思维能力方面展开对提高创造力的训练。

那么有哪些方法可以帮助我们提高创造力呢？

一、信息交合法

这种创造法是中国人许国泰在 1983 年发明出来的，主要思路是建立多维信息坐标，构成全方位的反应场形式。这种创造性方法被认为是对信息进行调整、加工和增值的"魔球"。它分为以下四步进行：

（1）确立中心点，即把研究对象确立在信息坐标图的原点坐标位置上。

（2）标示坐标线，根据所要创造的信息的需要，分别画出若干个坐标轴。

（3）列出信息点，在信息坐标的适当位置上，把信息点列出来。

（4）交合信息点，在信息坐标图上，得到不同轴上的信息交合位置，从而获得许多新的结果。

二、属性列举法

这种方法是美国科学家克劳福特发明的。他的理论基础是客观世界中新事物总是由旧事物脱胎出来的，对旧事物属性的改造，就能产生出某种新事物。克劳福特归纳事物的属性并加以总结，得出了事物所具有的名词特性、形容词特性和动词特性这三种属性。

这种创造法主要是针对客观事物对象进行分析观察，尽可能改良、革新他们的属性，从而获得新的创造。它既适合产品的更新换代和推陈出新，又适合在具体的操作过程中调整方向、变化策略与改进质量。这种方法在现实中具有广泛的应用价值，可以分以下五步进行：

（1）选择特定的需要革新的主题。

（2）把该对象的多种属性特征列举出来。

（3）分析这些属性，找出革新的突破点。

（4）制订革新的设想以及合理的方案。

（5）论证和检验提出的设想和方案。

三、ARIZ 创造法

这种创造法是由苏联人阿里德休尔提出的，他将人们的创造思维划分成三个阶段：

（1）分析阶段。这个阶段对该事物进行分析和研究，分为四步进行。

第一步，确定目标，确定自己想要的结果。

第二步，寻找障碍，了解在前进道路上有哪些绊脚石。

第三步，查找原因，明确绊脚石出现的主要原因是什么。

第四步，设置条件，排除障碍的干扰与影响。

（2）操作阶段。这个阶段主要是根据第一阶段的思考结果进行进一步思考，然后把结果应用到实践中去。

（3）合成阶段。这一阶段是对第二阶段的进一步完善，是把思维运用到实践中去的过程。

ARIZ 创造法最重要的是第一阶段，在第一阶段就形成了创造性思维，运用的主要是逻辑推理的思维方法，后面两个阶段是在第一阶段的基础上实施和逐步完善的。

四、检核表法

它是对创造的对象或问题给出多种意见，并从中进行检核的一种创造方法。奥斯本认为，这种方法可以从下列几个方面进行操作：

（1）设问和转化。看看该问题能否拥有其他的价值与用途？

（2）设问和适应。看看能否有其他事物与之类似，是否可以联系到其他事物？

（3）设问和改变。看看能否改变该事物的形态、大小、颜色、气味等，得到的是什么样的结果？

（4）设问和放大。看看能否加上一些内容，加高、加长、加厚、加宽、加浓、加大等，看结果怎样？如果不加，仅仅重新复制，结果如何？

（5）设问和缩小。减少该事物原来的数量，或缩小形态，看看它的结果是怎样的？

（6）设问和替代。看看它能否用其他的材料和成分替代，这样做的结果如何？

（7）设问和组合。看看是否可以把该事物与不相关的事物强行组合起来，结果会怎样？

（8）设问和重组。看看打破该事物的内容结构或改变内部关系，其结果如何？

（9）设问和逆位。把该事物的正反、前后、左右、上下、内外等进行对调，看看它的结果如何？

五、NM-T 形思考法

这种方法由日本金泽工业大学的中山正和发明。他运用的是思维中的类比思考方法，抓住事物中的关键词作为创造思路，从关键词到 A 资料，到 B 资料，再到 C 资料，逐步类推。下面是这种方法的公式：

创造公式：关键词→A 资料→B 资料→C 资料

这里的关键词是指什么呢？

围绕创造对象选择那些重要的内容，用最简洁的语言加以表述，这个最简洁的语言就是关键词。如发明电脑，根据它的主要功能，其关键词是计算、图像、打字、工作、制图、绘画、设计等。

A 资料是什么呢？

围绕这些关键词找到该事物类比的东西。

B 资料是什么呢？

假设根据 A 资料思考得出某种设想，在此基础上发现某种有用的属性、结构及可能的参考等，这些较多的背景材料就是 B 资料。

C 资料是什么呢？

分析和评估 B 资料，对其合理的成分加以吸收和运用，并进一步实际操作，这些资料就是 C 资料。

六、脑轰法

这是对智力进行激励的一种创造性方法，由著名的美国创造工程奠基人奥斯本发明，后来被许多人称为"大脑风暴法"。当代世界发明大王中松义郎写了一本《头脑风暴》，非常推崇这种脑轰法。我们在相关章节已经介绍过了这种方法，这里不再赘述。

创造性方法有 300 多种，上述方法比较具有代表性，此外还有一些智力激励法、魔鬼训练法、原型启发法、SET 法等。这些方法可以帮助我们训练创造性思维，也可以帮助我们在日常生活中开展创造性活动，从而获得新成果、新贡献。

创造力是在知识经济时代里最有活力、最有前景、最有挑战性的能力，是我们每个人都应该不断追求、不断训练、不断提高的能力。创造力使我们在高度竞争的社会生活中立于不败之地，并且能够彰显出我们所拥有的生命的意义。

在自由女神像装修改造期间，有些废弃的铜制材料被当作垃圾卖给了一个商人。这位头脑灵活的商人运用发散思维，利用这些废品开发出了自由女神像的一系列纪念品，受到了许多到此观光的游客的欢迎。这项富有创造力的举措一举获得成功，成为美国商界创造性地开发产品的典型成功事例。虽然开发产品本身并不是什么了不起的事情，但这种创造力却为人们津津乐道。

第十章 误区之十 抽象思维与形象思维 对策 全脑思维

　　传统学习运用的是抽象与形象两种思维方式，这对大脑的开掘产生了严重的限制。关于人类大脑研究的智能论，在生命科学、教育与学习等领域都发挥了巨大的作用。全脑思维，是指包括抽象思维与形象思维在内的所有思维方式，例如，行动思维、经验思维、直觉思维、聚合思维，甚至立体思维、森林思维、阳光思维，特别是发散思维、灵感思维、创造思维等，是对传统学习模式的突破与完善。

　　由全脑思维引发的全脑学习学是新型、强力而高效的脑能开发方式，如果经常地、有意识地使用它，就可以产生传统学习所达不到的效果，激发出学习与行动中的智慧，让人们在学习中大有作为——智力与精力高度凝结，集中攻破某一问题、某一方面，产生强大的穿透力和冲击力，从而获得最佳的学习效果。

传统意义上的学习，大多采用抽象思维与形象思维这两种思维方式。实际上，我们可以运用更多的思维方式来学习，这对于我们现代意义上的学习是十分重要的。传统学习的思维方式有很大局限性，让我们的大脑潜能没有得到充分的发挥，这是巨大的浪费。现在我们认识到这一点，就可以主动进行多象思维来学习。当然，也不能忽视和抛弃传统的思维方式。这里所谓的多象思维，是指除了抽象思维与形象思维之外的一些思维方式，如森林思维、阳光思维、发散思维、灵感思维、创造思维等。

我们开发与运用这些多象思维，主要是为了开发我们的大脑，激发潜能，从而使学习更加有效。同时，也可以帮助我们提高分析问题、解决问题的能力。了解和掌握这些思维方式的根本目的就在于运用。

第一节　思维方式

思维有多种多样的方式，也就是多种多样的种类。我们可以把思维依据不同的定位加以划分。

一、行动思维、形象思维与抽象思维

从行为角度把思维划分成行动思维、形象思维与抽象思维。

1. 行动思维

在物质与大脑之间建立直接联系的思维方式，就是行动思维。行动思维也可以称为感知动作思维、直观行动思维与实践思维，简称动作思维。行动思维的主要特点是以实际操作解决直观、具体的问题，以达到思维的目的。行动思维通常是最初的思维表现形式，这种思维可以直接用来解决所面临的客观对象中存在的问题，这时候伴随着行动而展开思维，二者还没有区分开来。

人们对事物直接的感知产生直接的思维，这时的思维在感知与动作之间起着重要的作用。它可以对事物有个初步、概括性的理解，同时伴随着感知与动作的停顿而停顿下来。

2. 形象思维

由对事物表象的感知而产生的思维，就是形象思维。形象思维实际上就是具体形象思维，这种思维的主要特点在于它是建立在表象或形象思维基础上的，以鲜明而生动的语言作为表达方式，贯穿着意识中浓厚的情绪色彩，因此在文学艺术创作中占有特殊的地位，也是一种特殊的思维活动的结果。

例如，作家在创作一部作品前，总是按照自己的思维形式去构思大致的轮廓和操作方式，然后再把它们具体搭建起来，完成有血有肉的文学作品。本人所著的《潜入美国——偷渡移民大追踪》一书，就是这样创作出来的。

3. 抽象思维

抽象思维是人们在认识活动中运用概念、判断、推理等思维形式，对客观现实进行间接的、概括性的反映的过程。

在解决实际问题的过程中运用概念与理论知识等进行的间接的思维，就是抽象思维，也叫作抽象逻辑思维。这种思维有明显的个性色彩，它有别于行动思维中以动作作为主体的方式，又有别于形象思维中依托表象展开的思维。它并不依赖于感性材料，而是在抽象的概念判断中完成思维过程，用分析、综合、比较、抽象、概括作为整个思维过程的必然途径，借以把握事物的内部规律与本质特征。

例如，科研人员经常利用这种思维来解决具体问题。学生写的科研论文、硕士论文、博士论文以及科研人员写的学术论文等都是用这种思维完成写作的。本人在大学时期发表的第一篇论文《论李鸿章创办北洋海军的性质》就是抽象思维的产品。

一个人的思维发展过程，最早是从动作思维开始的，随着年龄的增加渐渐发展为具体形象思维，然后是抽象逻辑思维。行动思维与形象思维较早出现，逻辑思维会随着语言的发生与发展而形成，因此相对迟一些。人在成年之后，这三种思维会同时运用，发挥各自的作用。

二、经验思维与理论思维

我们根据思维的依据把思维分成经验思维与理论思维。

1. 经验思维

经验思维是在具体解决问题的过程中，以日常生活经验为依据展开的思维。经验思维是一种层次较浅的思维，在儿童身上表现得比较突出。人们的生活与知识经验差异较大，所以运用这种思维的能力也各不相同。而且这种思维会由于知识经验的局限性而变得片面与主观，容易肤浅、曲解或出错。

2. 理论思维

我们把解决具体问题时以科学概念与论断为依据而展开的思维活动，称为理论思维。理论思维是典型的抽象思维，它可以让我们透过事物的现象看到它的本质与关键所在，从而在根本上解决问题。

三、直觉思维与分析思维

我们还可以依据在解决问题的过程中，有无明确的思考步骤与清晰的意识，而把思维划分成直觉思维与分析思维。

1. 直觉思维

我们把在解决具体问题时对新问题、新事物进行直接理解与判断的思维活动，称为直觉思维。这种思维具有直接的特点。

例如，有经验的老师可以根据学生陈述的学习中的困难，迅速判断出问题的症结，从而加以指导，帮助学生解决具体问题。

2. 分析思维

按照严格的逻辑推理得出正确答案与合理结论的思维活动，称作分析思维。分析思维实际上就是逻辑思维。例如，我们在学习哲学或经济理论时运用的思维就是这种思维。

四、聚合思维与发散思维

我们也可以从寻求问题解决的指向性入手，把思维划分成聚合思维与发散思维。

1. 聚合思维

各种各样的信息，被我们聚合起来，带来正确解答或者是某种最好的解决方案，这种思维方式就叫聚合思维，又叫辐合思维或求同思维。这种思维有相当的定向性，当某个问题只能有一个正确答案或者一个最好的解决方案时，聚合思维方能发挥作用。它实质上是通过组织与推论各种各样的信息而达到解决问题这一目的的思维方式。

2. 发散思维

我们把依据事实展开的信息沿不同的方向思考，使问题获得新的解决方案与途径，并且可以得出多个答案，这种思维方式就叫作发散思维，又叫辐射思维或求异思维。它是与聚合思维相反的一种思维方式。

这种思维方式建立在事物或问题拥有多种答案的前提下。这种思维方式在现代社会使用最为广泛，受到人们广泛的重视。人们在现实生活中可以用这种思维方式解决许许多多问题和难题，我们应该加强这种思维方式的训练与运用。

例如，我们可以运用这种思维来看待一张白纸的使用：它可以用来写字、画画、折纸、剪纸、包东西等，还可以有无数种用途。

五、常规思维与创造性思维

我们可以根据思维所具有的主动与独创的特点，而把思维划分成常规思维与创造性思维。

1. 常规思维

常规思维就是以普通、常规的办法解决问题的思维，又称为习惯性思维。常规思维不具备主动性与独创性，聚合思维和功能固着等就是常规思维。虽然这种思维方式没有创造性，但是它可以解决一些具体的实际问题。

2. 创造性思维

我们把按照新方案或新程序对问题展开创新性思考的思维称为创造性思维。这种思维是一种高级的神经与心理活动，建立在对现有知识经验加以改造或整合的基础上，最终会带来某种新思想与新想象。创造性思维是思维的最高形式，也是最具价值的思维方式。文学作品的创作、建筑师的设计、音乐家的表演、电子软件的设计与开发等都充分地展现了这种思维活动的活力。

用一篇童话举个例子：北风与南风展开一番较量，看看谁可以把行人身上的外套脱下来。北风想抢头功，于是施展自己的威猛、蛮力，狂吹狠刮，意欲把衣服从行人的身上吹掉。行人当然不干，风越大越冷，他就捂得越紧。北风失败了，这是常规思维的结果。现在轮到南风出场了，南风一改北风的狂躁，微风徐吹，春暖意浓，行人走着走着，越来越暖和，于是解开外套的纽扣，然后又脱掉外套。南风成功了，它使用的就是创新思维，从不同的角度来解决实际问题，最后获得了成功。可见思维方式不同，效果不同，结果也会大相径庭。

第二节　思维潜能

我们每个人都拥有巨大的潜能。这些潜能如果被很好地开发与激活，就能够释放巨大的能量。如何激发潜能，是一个极其重要的课题。在许多方法中，我们都可以尝试通过对大脑进行训练来激发潜能，并取得很好的效果。

一、暗示

想要激发神秘的潜能意识，我们可以采用暗示的方法来进入人的心灵世界。潜能意识可以在主观意识与客观行为之间起沟通作用。暗示法可以诱导脑能思维，使潜意识受到激发，而潜意识的调动可以引起巨大能量的释放，让思维富有创造性。

1. 怎样形成潜意识

（1）反复地进行良性刺激。

（2）在无意识中接受反复刺激。

（3）瞬间强烈的意识刺激。

（4）瞬间强烈的无意识刺激。

2. 潜意识有什么特点

（1）潜意识的能量非常巨大。

（2）脑波处于 α 波时，潜意识可以支配意识；在脑波处于 β 波时，意识反过来支配潜意识。

（3）潜意识就像巷子里扛木头，直来直往。

（4）潜意识记忆力较弱，经过强烈或反复的刺激才能形成。

（5）潜意识对图像刺激极为敏感，难以分清自我想象与亲临其境的区别。

（6）在放松的精神状态中，潜意识最易于沟通。

3. 潜意识的改造

了解了潜意识的上述特点之后，我们可以运用一些方法来开发潜意识，让潜意识服务于我们的大脑思维和学习。开发潜意识的核心方法，就是改造潜意识。那么，如何改造潜意识呢？

（1）使用强烈信息刺激大脑来强化潜意识。

（2）把有关资讯放在重要位置，直接输入大脑。

（3）使用某些积极的语言与信息暗示大脑，从而有效地调动潜意识。

使用这种积极有效的暗示要注意以下几个方面：

（1）由于潜意识不涉及理论和逻辑，所以语言不能复杂，必须用简单的语言来进行心理暗示。

（2）使用意义确定的语言而不是消极反面的语言进行心理暗示。因为越积极就能越积极，而越消极就会越消极。

（3）使用意义确定的语言，避免使用暧昧和含混不清的语言，这是由于潜意识本身没有分析、判断能力。

（4）不断地重复同一信息，最好采用视觉重复，即把相关的视觉材料摆放在明显的位置，时常可以看到，从而调动和改造潜意识。

二、挑战

我们要挑战现有成果与极限，发挥大脑的无限潜能，对现有脑能加以升华与改造，从而进行创造。

怎样能够展开挑战呢？

（1）向大脑输入强烈而简单的目的信息，即针对需要解决的问题想要达到怎样的效果。

（2）思考问题时要注意方法的选择，选用对解决问题可能是最好的、最重要的思维方式来思考问题。

（3）围绕所要解决的问题来展开各种思维活动，以便得出各式各样的思考结果，然后将它们分别记录下来。每种思维方法得出的思考结论至少写出 5 种，不管它们的顺序怎样，都要全部做完。可以采用前面介绍的各种思维方式展开思考。

把这些结果进行综合和整理，从中找到具有价值的方法，然后安排下一步如何去做。采用这种方法要辩证地看待客观事物，要透过现象看本质，同时还要善于扬长避短。

三、激荡

大千世界中，客观事物大多呈现出纷繁复杂、千变万化的形态与表象，我们要善于从中发现具有本质性与规律性的内容。大脑在具体的操作过程中，也是以这样的方式来选择、加工与处理信息的。

在知识、信息爆炸的现代社会，各种各样的资讯铺天盖地而来，这就要求我们具有分辨与吸纳资讯的能力。有些现象不易看清楚，有些可能会引起误解，甚至会带来危险。因此，发挥大脑思维的分辨能力，可以让我们在时代的大潮中认清航向。

我们的大脑有8个智力中心，可以运用8种智力形式来分析、研究、加工、整理、辨别，并对获得的信息进行审查、筛选、汇总、分组、比较等，去粗取精，去伪存真，由此及彼，由表及里，从而获得真正有价值的内容。但往往要做到这一点并不容易，因为现实是相当复杂的。

那么，如何激荡我们的大脑思维，获得正确的思考结果呢？

方法可以是多种多样的，这里主要介绍一种玩卡片的方式，它可以帮助我们有效地激荡大脑思维。这种方法可以分五步操作：

（1）围绕着某一具体问题展开发散思考即辐射思考，得到想法与结果，并把它们一一写在备好的卡片上，注意每张卡片写一个。

（2）把所有写好的卡片在桌子上铺开，进行分析比较，然后将内容联系较为紧密的卡片放到一起，让它们组合成若干个卡片群。

（3）仔细阅读这些卡片群，看看它们为什么会被组合在一起，它们有什么内在的联系，可以说明什么问题，对主题有怎样的影响？在阅读思考过程中如果有新想法，要立即记下来，再加进去。

（4）重新对这些卡片群进行组合，这个过程是大脑在处于高度兴奋的状态下完成的过程，会导致大脑产生新的刺激。

（5）大脑把发散出去的思维再度收拢回来，采用辐辏思维即聚合思维，朝着一个中心点聚拢。但这种思考得出的结果，并不是我们所要达到的目的。我们需要的是在这个大脑激荡的过程中，更好地训练大脑思维。

四、动静

大脑思维和我们处事有相同的道理，就是要动静结合。有时要随机应变，以动制动；有时要以不变应万变，以静制动。动中有静，静中有动，这也是我们开发大脑的重要原则。分析大脑的"动"与"静"，可以从以下几个方面入手。

1. 脑能组织

围绕目标尽可能多地搜集资料，搜集时尽可能不要让原有的想法和思路阻碍自己的大脑去尽情发挥，并且尽可能让这些资料体现出它们所能代表的意义，以便让自己的思维闪光。

2. 脑能发生

加工、分类、整理搜集到的资料，从中找到新的分类方法。在思考和分类的过程中，我们可以发现这些资料所具有的内在联系。

3. 脑能变化

进一步归纳上面的资料，让新的想法与观点在归纳的过程中不断出现，看看结果是不是正确。主要的目的不在于结果，而在于参与和实践的过程。

4. 脑能分析

解释上面获得的资料。任何人要解释某件事，都要先了解和理解它，只有这样才能够用自己的语言解释它，不了解、不理解就无法解释。这个过程就是大脑思考的过程，不管它难还是不难，都会有效果。

5. 脑能原质

我们可以从对客观事物的不理解之中找到理解的方法。不理解某个事物属于正常，人不可能对所有的事物都理解，正是由于对"不理解"的思考，才产生了理解。这也是脑能激发的方法之一。

6. 脑能探测

通过对和客观事物有关系的知识的把握，来深入探测事物内部的本质。有些事物内部的联系不明显，或不存在内部的联系，但是也可以从中找出某些新的有价值的内涵。

7. 脑能距离

采用超越常规的办法，抛弃逻辑思维，用特殊的方法对客观事物加以理解并做出判断。

8. 脑能流动

采用类似于意识流的方式，让思路一路流开，从哪里流，流向哪里，怎么流法，都不重要。在意识流中，潜意识也参与流动，可以帮助我们更好地激发潜能。

9. 脑能反思

对整个思考过程进行反思，不计较成败得失，即使思考失败，也不重要。主要是要思考、要向前，这个过程本身就有意义。在这个过程中，在各种可能的情况下寻找机会，这些机会就是我们有效激发潜能的契机。

五、柔韧

客观事物并不以单一的形式存在，而是错综复杂的综合体。要了解它们、把握它们，就应该采用相应的思维方式，就要求我们具备一些相机行事的能力，去应对、去适应、去解决。

1. 变通能力

我们应该在解决具体问题的时候学会随机应变。人们往往对八面玲珑的人物有所非议，而崇尚那种刚直不阿的个性。其实，我们应该遵从外圆内方的处事原则。人在社会中生存，就应该适应社会，有一种从容应对的本领和能力。学习的道理是这样，处事的道理是这样，开发大脑的道理也是这样。

2. 迁移能力

把握事物之间的相似性，借鉴现有的成果、方法、原理、技术等，去解决新的问题，这就是迁移能力。这有些类似于嫁接的方式，但它又与抄袭有本质的不同。

3. 吸纳能力

及时吸收其他成果中的精华部分，充实自己，为自己所用。这同样不是抄袭，而是通过对它进一步加工、利用和发挥，创造新的成果。

4. 模拟能力

采用一种建立模型的方式，让它同原型相类似。由此获得成功，然后扩展到彼，然后再从彼返回到此，这就是模拟能力。通常学校里的模拟考试，就可以培养这样的模拟能力。

5. 反求能力

反复、细致、深入、全面、系统地分析他人取得的成果或成功经验，甚至采用"破坏性"的方式，即从物理上或概念上拆解现有产品或成果，从中找出对自己最有用的东西，以此来帮助我们实现自己的目的。

此外，还有一些能力，如迂回能力、改造能力等，都可以用来激发我们的大脑去发挥潜能。

六、灵感

现在世界上最为流行的一种成功训练方法是魔鬼训练法。这种训练法是要把人训练成"魔鬼"式的天才人物，让他们在现实生活中更好地发挥自己的才能。

有的人在称赞某部作品、某种成果时说这真是巧夺天工、神来之笔，意思是仿佛有神仙帮助才能做到，实际上这种"神"就是灵感。

一旦灵感出现，就会有如神助、得心应手、水到渠成，杜甫有句诗说："读书破万卷，下笔如有神。"不过灵感不是无本之木、无源之水，它是大脑的创造性思维带来的结果。这种思维不是逻辑思维，是非逻辑、非线性的思维产生的，它不受意识的支配，不是左脑思维，而是右脑思维的产物。

1. 诱导潜意识触发灵感

大脑从现实中吸收了许多信息，储存在不同的部位，产生若干基本单元，如概念、方法、事物、思想等储存在有意识的记忆区域之内，也有些存放在潜意识区域。创造性思维调用与激发不同认知单元，出现新的整合。灵感不是想有就有，而是一种潜意识活动的结果。尽管人们没有办法直接得到灵感，但是仍然可以间接地诱导潜意识，在创造性思维的过程中，触发潜意识中的灵感。例如下面两种方式：

（1）可以通过探究各事物间的相互联系，发现与此相关联的因素，使这种联系的机会加大，从而加深对该事物本质的认识，从中找到某些启发性的东西。

（2）充分激荡大脑，让大脑内部的认知单元和智力中心展开互动，激发思维火花。可以在由意识支配情况下，采用尝试多种方案的方法，为潜意识活动提供良好条件，使解决问题所需要的机遇出现。

灵感如白驹过隙，稍纵即逝，可谓来无踪、去无影，神龙见首不见尾，所以我们要及时地捕捉它，不要让它从我们的面前悄悄溜走。

2. 怎样捕捉灵感

（1）要保持清醒的头脑和积极的心态，在良好的思维状态下，使想象力变得丰富，思维活跃，可以让我们及时有效地捕捉灵感。

（2）打破常规，抛去固有模式，避免思维定式的干扰和禁锢，出奇制胜。不过不能钻牛角尖和死胡同，一时找不到灵感，可以把思考暂时冷却，放上一段时间，让旧思路淡化下去，重新开启新思路。采用借脑的手法借力发力，也不失为一种好方法。

（3）把握灵感触发的最佳时机。人体内有生物钟存在，灵感往往较多出现在最佳时段内。有的人早晨思路清晰，大脑灵敏，文思泉涌，灵感骤至；有的人中午才思敏捷；有的人夜晚尤其是深夜，大脑极为灵活。了解这种情况之后，我们可以在思维的高峰期思考问题，这样容易获得灵感。

（4）充分在原型启迪的基础上，加以联想和想象，由此获得启发。而且要牢牢抓住这种启发和机遇，不放过一点一滴闪现的火花，向着更新的方向追索与拓展产生创造性思维的良好结果。

（5）在最容易产生灵感的环境中展开思维。环境对不同的人有不同的影响，有人在读书的时候容易产生灵感，有人在吃饭的时候容易产生灵感，有人在游泳的时候容易产生灵感，有人在散步的时候容易产生灵感……在自己产生灵感的最佳环境中思考，诱导与触发灵感，可以收到较好的效果。

七、联想

人们习惯于把内容相似的事物联系起来，而不是孤立地看待，因为这些事物具有内在联系和外在联系。联想就是由此事物联系到彼事物的内在特征或外部特征的一种思维方式，这种思维方式对于学习和大脑开发都有直接帮助。

联想不依靠逻辑推理，而是采用跳跃式的思维方式，灵活多变。

1. 联想的主要特征

（1）联想可以帮助我们深刻理解和领会事物的内容和本质。

（2）联想能够让我们更加牢固地记忆知识内容。

（3）联想具有无限广阔的空间。

（4）联想并非毫无规律可言，而是具有相应的规律。

2. 怎样训练和提高联想能力

（1）采用语言反射法。选择普通词语为基点，围绕着该基点产生不同的内容。

（2）采用爆炸联想法。用爆炸方式展开自由联想，不受其他因素的约束。

此外，还可以采用脑能风暴法、连篇思考法、浮想联翩法等方法展开丰富的联想。

八、想象

想象是什么呢？

想象是大脑对已知的对象进行加工、改造，创造出新的形象的思维过程。它可以划分成再造想象和创造想象。想象的能力就是想象力。想象力是一种认知能力，可以让人们有效地掌握知识和技能，并且在这个过程中实现自我丰富与发展。

美国学者詹姆斯·怀特说："想象力比知识更重要，因为知识是有限的，而想象力概括着世界上的一切，推动着进步，并且是知识进化的源泉。"

人们的知识丰富，想象力就会强，想象力和知识是成正比的。人们在实际生活中总是先有思想，并由此有组织地展开计划，将思想转化成现实。想象力是在思维活力的基础上展开的，没有活力就没有想象，更没有创造。因此可以说，创造性活动是想象的产物，科学研究和发明及文学创作等都是想象的产物。关于想象力以及如何提高想象力，本书第九章有详细的介绍。

第十一章　全脑五商

　　学习、考试等能否成功，学生是否可以成才，受学习方法、策略及技巧等智力因素影响很大，更是与以下五种非智力因素息息相关。

　　五种非智力因素包括全脑心灵商数、全脑智力商数、全脑情感商数、全脑意志商数和全脑能力商数。我们不能忽视它们的作用，因为它们对一个人的学习和工作都起到相当重要的作用。如果说本书前面所述的智力因素是外因，那么这五种非智力因素就是内因，外因是通过内因起作用的。

第一节 魔障之一 心商 —— 畏惧学习
魔力之一 对策 —— 胜任愉快

我们要随时保持饱满的精神状态，奋发向前，积极向上。因为这种积极的心态有助于我们在学习、事业上取得成功。心灵商数指每个人所具有的心理素质，它是我们所有活动的基础和平台，也可称为是一种最基本的载体。因此，心灵商数是我们走向成功的第一要素，其他的要素如情商、智商、意商、能商等都是以心商为基础的商数，是它的分支。

如果非要把五种商数的作用按百分比来进行划分的话，心商占有压倒性优势——占比达到 60%，而其他要素所占比例分别是：智商 10%，情商 10%，意商 10%，能商 10%。我们根据中外理论与科研成果进行了长期跟踪与广泛研究，最终得出结论：心商在各个商数中居统领作用，其他商数都是在心商的基础上发挥作用的，不是根本性的。对于成功的大局而言，其他因素并不能产生决定性的影响，它们还远不能动摇整个根基，起决定性作用的因素是心商。

那么，什么是心商呢？

人自身所具有的心灵深处的、根本性的能量体系称为心商。一个人的根本性素质即是通过心商反映出来的。

心商由积极、正面、向上的心灵商数和消极、负面、低沉的心灵商数两大系统构成。显然，前者对于一个人获得成功有着重要的作用，后者则正好相反。这就是为什么在现实生活中，那些心胸宽广、生活态度积极的人往往能够成就一番事业，而那些自卑消极、心胸狭窄、灵魂污浊的人很难有所成就。所以，我们要尽量减少消极、负面的心商给我们造成的不良影响，积极发挥那些积极、正面的心商的作用。若我们想在学习、生活和工作中有所作为，这个原则是我们必须遵循的。

美国心理学家阿尔伯特·艾利斯通过对人的情绪进行研究而得到的情绪 ABC 理论表明：人的行为受情绪的支配，做一件事情会有一连串的后续效应。人的情绪越积极，所获得的效应就越积极；反之亦然。例如，当我们在做数学习题的时候，一开始的几道题解得比较顺利的话，做题的兴趣就会越来越浓，情绪也会越来越高涨，这样的话，那些平时所谓的难题说不定都会迎刃而解，做题的成功率会提高很多。相反，若我们所遇到的第一道题就是棘手的题目，后边的题目也都需要花不少时间思考的话，做题人就会失去解题的信心，潜意识里也就丧失了自信，灵感的火花被抑制，最后学习效率就会变得很低。

根据另一位美国心理学家爱德华·墨菲提出的墨菲定律，当一个人情绪低落时，他所做的事情就无法取得良好的效果。

对于学习者而言，应该对学习产生浓厚的兴趣，热爱学习，自始至终都精神饱满，对自己的学习能力充满自信，从心灵上建立一个关于学习的良好的运作系统，这样学习才能取得显著的效果。这也是学习能否取得成功的一个最关键、最根本的要素。这个道理对于任何人、任何事都适用，因此应该引起我们足够的重视。

一、热爱

有部电影名为《真爱无敌》，大意是如果你热爱一样东西，就会不畏艰难险阻去得到它，成功一定会在不远处等待着你。孔子曾说过："知之者不如好之者，好之者不如乐之者。"说的也正是由热爱而获得的道理。

当我们对人生目标展开追求时，首先应该树立起远大的理想和目标，并热爱自己的理想和目标；其次要有顽强的意志品质，无论前方有多大的艰难险阻，都要勇敢地朝着自己的目标奋进。这样才能为我们实现人生价值产生推动作用。任何一个人的思维和行为的背后都有强大的主观愿望驱动力，这种强烈的主观驱动能够让我们产生丰富的想象：伴随着对事业、学习的热爱而来的是激情的出现，而激情的程度越高，由此产生的创造力也就越强大，所获得的成果自然也就越丰硕。在社会生活中人们经常挂在嘴边的一句话是"干一行爱一行"，这对人们在社会中开展工作有很强的指导意义。无论我们从事什么职业，一旦爱上了自己的职业，就要倾注我们的激情，持之以恒，直到最终达成目标。因此我们要让自己的人生有目标、有理想，并且热爱奋斗的过程，坚持不懈地追求。

要如何实现理想和目标呢？

（1）怀着对事业和目标的热爱，脚踏实地、一步一个脚印地前进。即使每天的进步只有一点点，只要我们坚持努力、日积月累，就会水滴石穿，最终实现自己的理想和目标。

（2）培养良好的学习和生活习惯。好的生活习惯、有规律的作息可以帮助我们不断进步。如果一个人拥有良好的生活习惯，说明这个人具有良好的素质和心理追求，这一优势能够驱使他朝着自己的目标自然而然地前进，为日后的成功打下扎实的基础，那么成功对他来说就不是什么难事。

（3）相信自己。要有李白那种"天生我才必有用"的自信，不要轻易怀疑自己的能力，要以积极的心态面对学习和生活中接踵而来的各种挑战，在各种挫折的磨炼中愈加自信、茁壮成长，最终实现自己人生的目标。

（4）学会做情绪的主人。要学会在生活和工作中控制自己的情绪，在工作中发扬团队合作精神，在日常生活中学会与周围人和谐共处，试着做到退一步海阔天空，而不是唯我独尊、自行其是。

（5）牢牢把握当下的每分每秒，学会做时间的主人。我们一定要对今天必须完成的事情负责，而不是把所有的事情都推到明天乃至更往后的时间去。曾经有人说过这样一句富有哲理的话："时间给予每个人的都是24个小时，时间给予每个人的又不都是24个小时。"这句话告诉我们，不能浪费从我们指缝间流逝掉的分分秒秒，不能拖延，而是争取充分利用每一分钟、每一秒钟。

（6）学会用乐观的情绪去面对生活。生活中总有诸多的不如意，事业前进的道路上总有这样或那样的挫折。我们不应该让失败带来的阴影笼罩生活，而是要学会客观看待失败，学着用灿烂的笑容直面人生，永不言败，从容过好每一天，并试着用乐观的情绪去感染身边的人，在笑声和欢乐中品尝成功的喜悦。

（7）生命是生生不息的，因此，我们也要奋斗不止。我们要在平凡的生命中实现人生的价值，奉献生命，创造不凡。

（8）付诸实际行动，前进，前进，再前进！只要具备了战斗的精神，任何困难都不在话下，这正是所谓的绝境逢生。再大的险阻在我面前都不足为惧，再大的难关都将被我攻克，直至我攀上胜利的顶峰！

（9）坚持下去，直至成功！只要持之以恒，任何的艰难险阻都无法阻挡我们前进的脚步。沼泽前边将是坦途，越过高山就是平原，"柳暗花明又一村"，只要坚持，任何屏障都将被我们跨越。

（10）爱自己，爱学习，爱生活。所谓少年壮志不言愁，充满着豪情壮志的我们，必将一步一步地实现心中远大的目标。只要对自己所从事的行业充满热爱，我们就一定能够走得更高、更远，一定能够做得更好！

二、动机

想要获得成功，就必须以良好的学习动机作为重要保障。只有有了动机，学习才有动力。动机与我们平常所说的目标既有区别又有联系，目标不同，产生的动机自然也不同；同一目标可以产生各种各样的动机；某一动机也有可能出现多个目标。就学习而言，动机可以分为高尚和低级两种。高尚的动机是人的责任感的体现，如把祖国繁荣、社会进步作为奋斗的方向，作为一种事业去奉献。与之形成对比的是低级动机，这是一种对应于低层次需要的反应，如那些沉迷于吃喝玩乐的低级的享乐要求。就这种现象，俄国作家高尔基说过："一个人追求的目标越高，他的才力就发展得越快，对社会就越有益。"

我们需要做的是，把自己的目标从抽象的认识阶段提升到自觉的行动阶段。首先，要把远景动机和近景动机，也就是长远目标和阶段目标统一起来，建立在一个个具体的阶段目标之上，先实现一个个小目标，最终走向大目标。如果没有这些小目标的实现，大目标也就不可能实现。这就要求我们在学习的过程中要一天一天、一周一周、一月一月、一学期一学期地完成学习任务，这样才能最终成为一个优秀的学习者。其次，要积极地把外部因素转变为自己努力学习的内部因素。外部因素常常引发学习动机，然而外部因素对每个人的作用是不同的，它会使一些人变得消极，也能让另一些人变得积极。后者是我们要学习的榜样。我们经常会看到一些生活条件很差，却能够主动克服困难、在逆境中成才的人。比如有些来自边远山区的同学，能通过非常刻苦的学习，获得优秀的成绩，工作以后也很珍惜机会，通过努力最终成就一番事业。反观一些家庭条件很好的学习者，却由于家境优越，不懂生活的艰辛，不愿发奋读书，得过且过，白白浪费了自己的光阴，令人惋惜。

三、兴趣

对学习是否有兴趣对于我们在学习上能否取得好成绩是十分重要的。兴趣是对事物产生的某种积极的心理因素，可以影响我们的情绪。例如，我们比较容易接受感兴趣的东西，对不感兴趣的东西就没有这种感觉。一旦有了兴趣，我们不但不会感到压力，甚至会感到愉悦，可谓是黄连树下弹琴——苦中作乐。

那么，如何培养兴趣呢？

（1）增强自己的好奇心。当我们对某种事物好奇时，就会去接近它；而一旦对它有了了解，就有可能引发自己的兴趣。爱因斯坦曾经说过："我没有什么特别的才能，不过喜欢寻根刨底追究问题罢了。"

（2）在引发兴趣之后不断地向纵深发展，以引发更大的兴趣。由于受到环境和社会的影响，人的兴趣刚开始可能不稳定，甚至会带有一定的盲目性。这个时候要特别注意培养正确的价值观、人生观、世界观，避免沉溺于低级趣味之中。我们要努力让兴趣进入一种美好的境界，树立崇高的目标，向正确的方向和高级的层次发展。民主革命的先行者孙中山先生本来是一位医生，但是他为了拯救中华民族而走上了民主革命的道路，成为对中华民族有重大贡献的革命先行者。

（3）既要自己有兴趣，也要让兴趣有一个中心。当代青年人朝气蓬勃、兴趣广泛，但如果兴趣过于泛滥，就会对自己的学习和成长不利。有兴趣是件好事情，符合当代青年人有强烈求知欲这一特点，但要是在追求兴趣的过程中迷失了重点，则会影响青年人的健康发展。兴趣太多且不稳定，到头来只会一事无成。

（4）要不断地加强自己的兴趣。人们最初的兴趣往往是不稳定的，所以我们要加深对该事物的了解和理解，进一步激发兴趣，这样每一点儿进步都会让自己的兴趣更进一步。比如，我们刚开始学弹钢琴时，只要有一点儿成绩，受到老师和同学的表扬，就会更有兴趣去继续练习，最后可能因为兴趣的引导，勤学苦练，真的就成了成功的钢琴演奏家。

（5）要通过不断地努力去培养自己的兴趣。一个人不可能对任何事情都感兴趣，但我们需要培养这种兴趣时，就应该积极主动地去争取。对于学习来说，就应该不断地努力，有效地积累知识，进而掌握它们从而来引发自己的兴趣。值得注意的是，我们要尽量避免以下这种错误倾向：把所有的学习都当成一种兴趣，都要求它有趣味，不然就不接受它。这种倾向是彻底错误的。作为一种脑力劳动，学习需要我们付出大量的努力，如果对某一部分的内容比较感兴趣，就可能较好地完成它。许多枯燥的知识并不能直接引起我们的兴趣，但是如果我们去接近它、掌握它、了解它，获得初步的成绩，就会萌发出兴趣。虽然这种兴趣是间接的，只是针对学习的目标，而不是针对全部内容的，但只要不懈地努力，这种兴趣就可以不断地被发掘和调动起来。比如，我们要写一篇论文，刚开始对论文的主题没有什么兴趣，感觉这是一项艰难的任务。但是，如果我们很好地完成了它，就能体会到苦尽甘来。坚持积累这种兴趣，我们的论文水平就可以一步一步地得到提高。逐步积累这种体验，我们才能培养出优秀的学习习惯。当我们遇到挫折、困难或者艰涩难懂的东西时，有了这种高层次的学习兴趣，我们就能勇敢面对、突破困境。

四、情感

我们对具体事物生发的某种感情即是情感。无论是学习还是工作，只要对所从事的内容有感情，自然就能进行得顺利，反之则不然。在学习中我们要努力培养自己的情感。良好情感的培养建立在热爱国家、人民、真理和事业的基础上。文艺复兴时期意大利思想家、自然科学家、哲学家和文学家布鲁诺说过："为真理而斗争是人生最大的乐趣。""中国导弹之父"钱学森等留学海外的科学家，为了报效祖国，在异国他乡刻苦攻读，学成归国，为社会主义建设做出了伟大贡献，这正是崇高奉献精神的体现。

加强自我情绪的调控能力，使自己始终保有旺盛的精力和振奋的精神，这样才能培养起高尚的情感。要努力把某些消极因素转变为积极因素，变被动为主动，变不利为有利。不能为躲避某些东西而把自己封闭起来，切断与外界的交往。人是社会的产物，必须要和外界进行信息交流，以调节自己的情感，适应社会生活的要求。

不合群和孤僻的人，一般很难有大的作为。因此在学习和生活中我们要避免极端内向与自我封闭的倾向，克服心理障碍，提高自己的心理承受能力，预防心理疾病的发生。我们应该努力控制自己的情绪，主动适应环境，而不是让环境来适应自己。我们可以加强社会活动，让自己的学习生活丰富起来：一方面要学好功课；另一方面又要参加各种文体活动和社会实践，使自己真正融入社会，成为社会的一分子。

五、双管齐下

只要克服了心理上的障碍，我们就可以扬起生活和学习的风帆，向着理想的彼岸启航！

在具体的操作层面上讲，对那些成绩处于中下游的学习者来说，畏惧学习是许多人的通病，而那些学习优秀或居于上游的学习者并不畏惧学习。前者要想彻底改变学习中这种被动的不利局面，就要奋起直追，迎头赶上。

一方面，和其他同学保持相同的学习进度，跟进老师的教学，从当前的学习阶段入手，不逃避困难。这就像我们扫地一样，每一处都要打扫干净，否则在检查卫生时就会让人看到有不合格的地方。尽自己最大努力消化老师教过的内容，不懂就问，不会就练，比别人付出更多的努力，顽强跟进，不被落下。

另一方面，从头再来，自行"回炉"，在老师的指导下或别人的帮助下一步步地展开自学，从那些没有学好的地方重新开始，不断完善自己的知识结构。具体进度依照情况而定，时间多，就可以学得多一点儿，时间少，就可以学得少一点儿。自己灵活掌握，但不能走马观花，敷衍了事，那样只会害了自己。自己要对自己负责，认认真真，顽强进取，直到补上以前学习的内容，跟上老师的教学步伐和同学的学习进度。

不能够胜任学习所带来的消极结果就是畏惧学习。而一旦获得成功，就会自然地萌发学习的主动性和积极性，进而战胜畏惧心理，产生愉快的感觉。我们所追求的就是这种充满收获的满足感的学习境界。

第二节　魔障之二　智商 —— 自感不如他人
魔力之二　对策 —— 人人都是天才

智商反映了人的智力水平。人类个体的智商水平有高有低，其中中等水平的人占大多数。智商只能反映一个人在某段时间内的智力水平，而不能反映其一生的智力水平。许多人不清楚这一点，以为一次智商测试的结果就代表了自己一生的智力水平，其实不然。

人的智力一生中都是在发展变化的，而且发展变化的速度也不一样。有些人早期发展较快，有些人则正好相反。所以说现在所进行的各种智力测验的结果，只能作为一种参考，它的严谨性并不高。

智商并不能说明一个人的能力大小，也不能决定一个人一生的成就大小。宋代宰相、大文豪王安石在《伤仲永》中写了这样一个故事：仲永是个少年天才，天资聪颖，他的同龄人全都无法和他相提并论。但是后来，由于放弃了学习，仲永渐渐成了一个平凡的人，和其他人相比已经没有什么区别了。这正符合古人的一句话："十岁神童，十五才子，二十凡人。"这里所说的就是那些一味依赖先天的聪明才智，而忽视后天学习并最终成为凡人的"小天才"。

1916 年，心理学家提出智商的概念。研究者认为，若一个人的智力年龄和他的生理年龄相仿，那么他的智力就处于一般水平；如果他的智力年龄比他的生理年龄要高，那么他的智商就高；若他的智力年龄比他的生理年龄低，则他的智商就低。

研究表明：智商在各个方面确实与学习有着或多或少的联系。智商贯穿于整个学习过程中，无论是在中小学阶段还是在大学阶段，智商对学习都有不同的影响，具体的表现方式也并非定式：通常智商高的人，取得好成绩的可能性比较大，但这不是绝对的。有时智商高的人会走向另一个极端——成绩很差，考试不及格甚至是毕不了业时有发生。这有可能是由于自恃聪明或过于分散精力，而且不能持之以恒，或者是学习方法不对头造成的。而那些智力平平的人，却因为在学习上能够坚持不懈地努力，取得了骄人的成绩，这正好应了中国的一句古话："路遥知马力。"

传统上人们认为智商是天生的，后天的任何努力都很难弥补。如今这种观点已经被新的研究成果推翻：通过后天的努力，用好的方法让大脑接受良性刺激，促使大脑细胞中的突触生长，人的智商就可以获得明显的提高。这个过程将一直伴随着人生长的过程，也就是说智商在人的一生中都可以不断获得提高。人类大脑的潜能无限，目前为止只开发使用了5%~10%，只要掌握了好的学习方法和开发大脑的方法，就可以开发另外90%~95%未曾使用的潜能。中国古话"活到老，学到老""脑子越用越灵"说的都是这个道理。一般来说，如果不使用大脑，不努力学习的话，在15~16岁以后，随着年龄的增长，人的智商就会逐步下降。

如今最有争议的话题莫过于天才的话题。

大家熟知的华罗庚和牛顿等人，在小的时候并不被认为是天才少年，但他们依靠后天的努力，终成为一代天骄。华罗庚从小记忆力很差，经常拿东忘西、丢三落四，被乡里人称作"罗呆子"。德国最有名的天才卡尔·威特，生来被认为是一个低能儿，他的母亲对此很失望，但是他的父亲用独特的教育方式把他培养成了一个奇才。令人吃惊的是，他8岁的时候就通晓生物学、物理学、化学等多门学科，并且熟练掌握了德语、法语、意大利语、拉丁语等6种语言，9岁的时候进入德国著名学府莱比锡大学，14岁那年获得了博士学位，两年后进入柏林大学担任法学教授。他的父亲后来根据他的成长经历，写成了影响全球的《卡尔·威特的教育》一书，书中详细记载了他是怎样培养这位少年成才的。这本书的孤本现在保存在美国哈佛大学图书馆里。有一个日本人在一本《早期教育与天才》中较为详细地记载了卡尔·威特父亲的教育方法，这本书也被翻译引进到了中国。

前几年有一本风靡神州的家庭教育图书，叫作《哈佛女孩刘亦婷》，其中刘亦婷的母亲在书中写道："得到《早期教育与天才》之后，我如获至宝，每天从杂志社下班回家都要读到深夜。早期教育先行者的辉煌成就，使我大开眼界。他们的教育思想和培养孩子的具体做法，更是深深地吸引了我……应该永远感谢这些早期教育的倡导者和实践者，是他们给所有渴望培养孩子成才的父母开创了一条成功之路。中国已经有很多父母开始实践书中的方法，培养了数百名优秀的儿童。那会儿，我根本想不到由哈佛图书馆的孤本藏书传播的教育思想，最终会把刘亦婷引向哈佛。"

中国科学技术大学有一个少年班，招收了很多智力超常的少年。班里的成员有些成就很大，但也有些后来落入平凡。这也说明早期的智商不能完全代表一个人的能力，更不能决定他后来的成就。

智商在一个人的成功要素中只占10%，并不居于主导地位。我们大脑中还有90%的潜能尚未得到发挥，因此不能妄自菲薄，轻易下结论说自己笨拙。

中松义郎是一位杰出的发明家。他拥有3000多件发明专利，比大发明家爱迪生一生创造的1309件发明还要多得多。他连续16年获得世界发明竞赛最优秀奖。在他写的《头脑风暴》一书中，他对自己的亲身经历进行了描述。他指出："人类大脑的智力大致是相同的！每个人都可以变得聪明并且富有创造力！"日本学者小田晋也曾经指出："一般来说，任何生物，要适应环境，都要学会这种后天的反射。甚至可以说，后天学到的本领要重于先天的本领……换句话说，人并非生来就是天才，无论是创造了什么丰功伟绩的人，他的记忆力以及学习方面的能力，都不是生来就有的。可以说，绝大部分都是后天经过努力才获得的。"

从神经生物学的角度看，神经元构成每个人大脑神经系统中的基本单元。细胞体和树突、轴突共同组成神经元。神经元与神经元之间的突出部位叫突触，而这种突触的出现主要是因为大脑细胞接受良性的刺激而出现的神经反应。刺激越良好，突触就越多，人就变得越聪明，大脑也就越灵活。

突触会随着学习、训练和实践的增加而不断增加。同一神经通道在接受了相同信号的不断刺激之后，新的突触又不断地增长，这使得神经元的连接越来越丰富，其信息传输的功能越来越强。这种不断的刺激会提高传输的效率，形成记忆。记忆的出现表明了新的突触的出现，这就是著名的突触生长学说。这种突触原理适用于每一个人。因此，每个人只要经过良好的学习都可以变得聪明，再加上持续的努力，就可以建功立业，成就辉煌。

第三节　魔障之三　情商 —— 自觉不是那块料
　　　　魔力之三　对策 ——"天生我才必有用"

情商指的是人们在现实生活中认识、调控、激励自我情绪的某些能力，以及关心帮助他人并与他人建立良好协作关系的能力。

美国哈佛大学心理学教授丹尼尔·戈尔曼博士提出，情商在决定一个人能否成功的因素中占有 80% 的比例。戈尔曼博士的情商理论在全球范围内引起广泛的关注，这一学派主要认为：真正决定一个人成功与否的关键是情商而非智商；智商至多占据成功因素的 20%，其余的 80% 则归于其他因素。他们所关注的就是这些"其他因素"中的关键因素——情商。

但在我看来，情商是建立在心商基础上的一个分支，情商和心商并不处在同等的地位上。情商受到心商的制约和影响，并在心商的基础上发挥作用。

有一句话广为人知：性格决定命运。这说明一个人的性格对其事业和命运有决定性的影响。正因为如此，我们必须要培养自己良好的性格。

什么是性格？

性格是人的内在与外在气质的综合表现，体现了人本身固有的各种非智力因素。它对我们每个人的学习都有广泛、持久而深刻的影响，同时也是我们拥有的最稳定的个性心理特征。

俗语说：三岁看老。这句话有一定的合理性：儿童时期所具有的某些特征，可能会影响一个人的一生；但从另一个角度来看，这又不是绝对的。后天因素的影响对一个人性格的形成也非常重要，一个人的性格总是在生活中受到磨炼和熏陶，经历人生的洗礼后，人才会从不成熟走向成熟。

我们每一个人都不能忽视培养自己的良好性格，因为这直接关系到自己的命运。恩格斯曾经深刻地指出："人物的性格不仅表现在做什么，而且表现在他怎样做。"

你是谦虚，还是骄傲？是认真，还是马虎？是自信，还是自卑？是勤奋，还是懒惰？是积极，还是消极？当一个人做事的时候自然就会反映出这些立场、观点和态度。同样，做一件事情也会反映出一个人的做事行为方式：是主动，还是被动？是敏捷，还是迟缓？是自觉，还是盲目？是温和，还是暴躁？是坚强，还是软弱？是镇定，还是)冲动？

性格具有多样性的特点。一个人的身上往往会体现出多重性格。一个人不可能具备所有良好的性格特点，要想比较客观地评价一个人的性格，就要看他的主要性格特点。而我们只有坚持不懈地自我提高，经过一个长期的成长过程，才能培养出良好的性格。

那么，要怎样才能培养出良好的性格呢？

（1）以积极的心态投入生活。在生活中不断积累、不断实践、不断检验，牢牢记住那些正确的行为方式和态度，逐渐养成一种习惯、形成一种定式，最后培养出性格。

（2）加强自身的知识修养、文化修养和道德修养，努力使自己的行为方式和思维习惯变得更加规范化、理性化，进而形成稳定的性格。

（3）学习别人好的行为处事的方式。学习榜样，有意地引导自己、反省自己，"君子一日三省"。在自己的逐步调适过程中形成稳定、良好的性格。

（4）选择和适应良好的外部环境，从而强化自己的良好性格。外部环境对于一个人的影响是很重要的，好的环境更利于培养良好的性格，不良的环境则很容易带来负面的影响，从而形成不完善的性格。

要自觉地识别周围环境，抵制不良风气，不能同流合污。要有选择地交友，牢记"近朱者赤，近墨者黑"。要结交那些积极向上的朋友，远离充满负能量的人。经常有人因为交友不慎而染上坏习气，如果得不到及时纠正的话，甚至会误入歧途。

我们要想在学习和工作中更好地发挥自己的性格优势，就要在表达、调控和完善上做足功夫。

一、表达

牢牢把握好自己的性格，无论在什么情况下都要保持清醒的头脑，集中注意力，遇事冷静而不急躁，准确陈述自己的思想和观点，这就是表达。我们可以坚定信念，挺直胸脯，放慢语速，降低音调，用良好的心理素质和人格魅力去面对挑战。

获得成功的重要前提就是这种表达能力。在此基础上，我们要建立良好的人际关系，使自己获得良好的人格发展；发挥自己的同情心和责任感，表现自己的高贵品质，让自己的个性品质和才能得到充分的发挥；加强协调和沟通能力，采用身体语言、情绪语言、口头语言等来展现自己的性格魅力；注意倾听他人，多和他人交流，更好地体现自己的综合素质。

生活在如此高速运转的社会里，人们更需要重视表达，在感情、心理、信息等方面加强交流与沟通，以丰富自身在这些方面的积淀。由于现在许多学习者都是独生子女，所以更需要加强这方面的素养，以更好地融入社会，帮助自己获得更多成功的机会。

二、调控

俗话说：人生不如意事者十之八九。我们每个人在现实生活中都会受到各种具体事情的影响，保持良好的心情，控制与调整自己的不良情绪，在学习和工作中有上进心，对身心健康都有积极的意义。倘若一个人的情绪总是处于紧张的状态，不仅会影响学习的效果，甚至会让学习无法进行下去。那么我们该如何来消除不必要的紧张呢？

我们要从源头入手来解决问题，分析紧张出现的原因，化紧张为放松，化消极为积极，转移自己的注意力。

感到紧张时，你可以按如下步骤进行思考：

（1）冷静地观察自己，寻找引起紧张的根源，分析它是怎么发生的、怎么发展的，最坏的结果可能会是什么，做到心里有数。

（2）做好心理准备，敢作敢为，做好接受最坏结果的打算。

（3）积极地想办法，以期改善或根本扭转最坏的情况，尽可能向好的方面转化。

要怎样消除自己的不良情绪呢？

退一步海阔天空，学会制怒与忍让，把握住自己，采用拖延、回避、转移、升华、借鉴、倾听等方法，尤其可以采用幽默这种智慧的方式来化解与发泄。在不开心的时候自己给自己找台阶下，对他人不要抱有过高的期望。可以外出散散步，转移情绪，安下心来再进入学习的状态。

三、完善

人越成熟，表现出来的思维和行为就越成熟。放松自己，进入一种宁静致远的状态。这是一种难能可贵的境界，有许多方法可以帮助我们达到这种境界，如超觉静思法、自主训练法、自我催眠法等，也可以采用设立心理保护屏障的方式来使自己达到这种境界。这些都可以让自己的性格变得更加完善。

完善性格，学会与人相处，不仅有助于自己的学习，更可以帮助自己成长。我们不妨往以下几个方面努力：

（1）学会与他人沟通，主动与他人交往。

（2）常常微笑，把温暖带给别人。

（3）学会欣赏别人。

（4）真诚待人。

（5）敢于接受批评，知错就改。

（6）敢于负责任。

（7）倾听意见，取人之长，克己之短。

（8）表达意见，态度中肯，易于为人接受。

（9）宽厚待人，体谅他人。

（10）积极进取，与时俱进。

第四节　魔障之四　意商 —— 经受不住挫折
　　　　魔力之四　对策 —— 失败乃成功之母

一、什么是意志商数

意志商数是指每个人品格中最稳定的参数，它将最终决定一个人对待生活、学业和事业的态度，以及遇到困难时的忍耐力。在现实生活中，人不可能每件事都一帆风顺，不可能不经过艰难困苦就达到事业的成功，生活中大大小小的挫折和失败是再平常不过的事情，而在这个时候人的意志就会起到决定性的作用。意志可以通过调节人的心理状态，即认识活动和情感活动来调节人的思维和行动。所以说，意志对人的生活起着重要的作用。一个人如果有坚强的意志，那么他在认识和改变世界的基础上一定会取得巨大的成就。许多在事业上取得突出成就的人依靠的并不是自己的聪明才智，而是坚韧不拔的意志。

正如爱迪生所说："伟大人物最明显的标志，就是他有着坚强的意志，不管环境怎样变换，他的初衷和希望不会有丝毫的改变，努力克服困难，以达到期望的目的。"

现实生活中的无数事例表明：任何人要想在事业上获得成功，都必须有顽强拼搏、坚持不懈的精神。如果把这种精神贯穿到学习中，在学习中刻苦努力，就能够不断地进步，取得良好的成绩。

在顺境中，一个人的意志能量是无法体现出来的；只有在逆境中，一个人战胜困难的意志品质才能得以体现。

要想在学习和工作上取得一定的成绩，必然会经历种种意想不到的困难和挫折，在这个时候，如果一个人有坚强的意志和永不退缩的品质，那他一定会战胜各种困难，成为生命的强者。正如孟子所说："天将降大任于斯人也，必先苦其心志，劳其筋骨，饿其体肤，空乏其身，行拂乱其所为。所以动心忍性，增益其所不能。"

汉代的大学者司马迁在撰写《史记》的过程中所表现出来的坚强意志就是古人高洁品质的突出代表。司马迁曾经因为替李陵将军辩护而惹恼了汉武帝，不幸被关进监狱，并受到最为严酷、也是最让人感到耻辱的"宫刑"。司马迁在身体上和精神上都受到了常人无法理解的严酷考验，但他并没有因此而消沉下去，也并没有因此而放弃自己的理想和追求，最终凭借坚强的意志写下了史学名著《史记》。司马迁曾经在《史记》中写道："盖文王拘而演《周易》；仲尼厄而作《春秋》；屈原放逐，乃赋《离骚》；左丘失明，厥有《国语》；孙子膑脚，《兵法》修列；不韦迁蜀，世传《吕览》；韩非囚秦，《说难》《孤愤》；《诗》三百篇，大抵圣贤发愤之所作也。此人皆意有所郁结，不得通其道。故述往事，思来者。乃如左丘无目，孙子断足，终不可用，退而论书策，以舒其愤，思垂空文以自见。"司马迁正是依靠这种惊人的毅力，才没有被艰难的现实击败，创造出了这么伟大的作品。

培养意志的方式有很多，我们可以在学习和实践中逐步培养自己的意志品质。这需要当我们面对困难时，不被它吓倒、不屈服于它，绝不能丧失信心、自暴自弃，而是要看到前景和希望，时刻充满斗志，用百分之百的努力去战胜困难。当然在克服困难的时候，要注意冷静分析问题，不一味傻干蛮干，这样才能找到问题的症结，对症下药，扭转局面。而在这个坚持的过程中，我们良好的品质和坚强的意志就能够得到培养和锻炼，使我们最终成为生命的强者。

　　美国大作家奥格·曼狄诺的成功经历也是一个很好的例子。他原来是一位"花花公子"式的人物，每天都生活在花天酒地之中，终日不求上进，无所事事，导致无家可归，最后因为生活窘迫和精神颓废几乎成了废人。后来他无意中得到了几本书，读后从中悟出了许多的人生道理，决定痛改前非、重新做人，最后他克服了重重困难，成为一名自由撰稿人。虽然人生的磨难使他经历了大起大落，但他改头换面，还是写出了许多脍炙人口的佳作。他的作品和他的人生经历也影响了很多人，并帮助他们获得了成功。

　　"失败乃成功之母"是人们经常挂在嘴边的一句话。我们在对他人进行评价时，不能只依据他人一时的成败。常言道，谁笑到最后，谁才笑得最好。和时间一样，成功给予每个人的机会是均等的，并不会单独眷顾某一个幸运儿。如果你因为在追求成功的道路上受到挫折或磨难而停滞不前的话，就永远不能到达胜利的终点；反过来，如果你能够不屈从于命运，在哪里跌倒就在哪里爬起来的话，成功一定会在不远处等着你。这种在逆境中不屈不挠，最终反败为胜的例子并不少见。以我国古代文学家蒲松龄为例：他学识渊博，才华横溢，可是在八股文盛行的时代里，他的才华却不被主考官看好，参加科举考试屡屡碰壁。但他并未因此而消沉，变成一个不得志的穷酸秀才，而是充满自信地把满腔热情投入文学创作中，最后写成了古典名著《聊斋志异》。

　　只有战胜了种种艰难险阻，才能最终成为学习和生活中的强者。艰难险阻和挫折失败可谓是一面最好的镜子，在它面前，是英雄还是狗熊，是勇士还是懦夫，都会原形毕现。要从容地迎接这种挑战，就应该具备鲁迅先生所说的这种品质："伟大的心胸，应该表现出这样的气概——用笑脸来迎接厄运，用百倍的勇气来应付一切不幸。"

　　这方面的典型代表人物还有音乐巨匠贝多芬。他小的时候，由于家境贫寒不得不离开学校，14岁就到乐团里做事来补贴家用。而在他17岁的时候，母亲病逝，家庭的重担一下子全都压在了他稚嫩的肩膀上：他必须独自抚养年幼的弟弟妹妹们，生活极其窘迫，情感屡屡触礁，还饱受伤寒和天花等疾病的侵袭。然而，即便如此，厄运仍然毫不留情地再次降临：他在26岁的时候不幸失去了听觉。这样残酷的现实要是发生在普通人身上的话，大多会让人一蹶不振。然而贝多芬没有，他凭借自己坚强的意志品质向命运发起了挑战。他埋首于音乐创作之中，用雄浑深厚的乐曲将他与命运抗争的深刻体验和反抗精神淋漓尽致地表现出来，写出了向命运宣战的悲壮之作《命运交响曲》，以及许许多多经久不衰的名曲。贝多芬之所以成为一代伟大的音乐家，并不仅仅是由于他那些不朽的名曲，更重要的是，他在命运坎坷中所表现出来的那种顽强的意志和不屈不挠的精神。

因此，当我们面临挫折和失败时，应该多去想想那些在逆境中取得成功的例子，思考他们走出逆境、取得成功的原因，思考为什么有的人可以战胜困难和失败，有的人却自暴自弃、迷失自我，从而激发自己的斗志，去迎接失败与挫折的挑战。

实际上，失败与挫折充斥于生活的各个角落，但它们并不一定意味着悲伤与颓废。即便是那些功成名就者，也是一步一步伴着打击和失败走过来的。不同的是，他们知道怎样走出困境，东山再起。所以说，在命运的挑战面前，我们怎能轻易言败呢？机遇与挑战并存，这也是我们大展身手的时候！我们正是要在这种失败和挫折的磨炼中发挥坚韧不拔的精神，日积月累，一步一个脚印，逐渐扭转局面，最终实现登顶。也许，在这个攀登高峰的过程中，我们会付出很多代价，忍受很多痛苦，但是，泪水决不会让我们退缩不前，它只会使我们愈挫愈勇，因为我们坚信：有志者，事竟成！

在面对挫折与失败时，我们一定会尝到泪水的苦涩，但想要获得成功，这一过程是必不可少的。我们在苦海的波涛中拼搏时，不能只看到笼罩在头顶上的阴影，更要在阴影的背后寻找希望！要时刻记住苦海中的每一朵浪花和每一个漩涡都只会让你变得更加勇敢！

古今中外许多伟人，都能从苦海中获得力量。苦海中无尽的苦难具有两面性，是可以从消极向积极转化的。我们身处逆境，却也正是使我们调动和发挥自身潜能的动力之一。在学习的过程中，每个人都经历过失败。正所谓"宝剑锋从磨砺出，梅花香自苦寒来"，世间万事万物，不经磨炼难以修成正果。生命也同样只有经过磨炼才能变得强大。

只有在苦海中乘风破浪，我们才能顺利到达理想的彼岸。当我们在知识的海洋中遨游时，我们自然也需要付出大量艰辛的脑力劳动。前方迎接我们的不可能是一帆风顺，我们只有挥洒汗水，忘却悲伤，才会最终顺利驶向彼岸，而不是为无情的巨浪所吞没。

二、意商的培养

那么，要如何培养这种在逆境中亟须的意志品质呢？

意志品质并不是我们每个人与生俱来的，它需要我们在平时的学习、工作和生活中不断培养。想要拥有良好的意志品质，后天的培养和锻炼是不可或缺的。

1. 胸怀崇高的理想和远大的目标，是我们培养意志品质的重要基础

一个人拥有怎样的价值观、人生观和世界观，是通过他对自己在国家和社会中的定位反映出来的。我们作为社会的一分子，要为国家的繁荣、社会的稳定贡献自己的力量。只有我们具备了这种高尚的情操和高度的责任感，树立远大的志向，时时激励自己不断上进，有决心克服前方的任何艰难险阻，矢志不渝，勇敢顽强，才能磨炼自己的意志，培养良好的品质。

我们也要善于把自己的理想和目标与培养自己的意志品质有机地结合起来，并和具体的学习生活紧密联系。具体表现就是：在学习和生活中遇到困难时，不畏困难，步步为营，稳扎稳打，逐步培养自己钢铁般的毅力，最终实现理想和目标。

2. 有助于我们培养和锻炼意志的方式——在学习中克服种种困难

克服困难、战胜挫折，意味着我们具备坚忍顽强的意志；如果不能战胜困难，顽强的意志则无从谈起。所以，我们平时要严格要求自己，努力克服困难、战胜挫折，这样可以有效地帮助我们培养和锻炼自己的意志。

成功学是这样要求我们的：每天进步一点点。但是就自身而言，我们应争取做到"别人进步一点点，我们多进步一点点"。虽然要做到这一点并不容易，但是贵在坚持，通过点点滴滴的积累，量变终将飞跃为质变。但是，如果确定的目标过高的话，则容易完不成任务，让人有遥不可及之感。这时这种目标就已经变成了一种空想，对于我们培养和锻炼意志品质起不到什么积极作用，反而容易带来悲观情绪，使人整天长吁短叹。同样，如果目标过低的话，任务虽然容易完成，但也极易滋生自满情绪，不利于进步，也不能达到锻炼意志品质的目的。因此，我们要提出符合自身实际的目标，在难度上具有一定的挑战性，再通过自身不断的努力来实现目标，这样才能达到培养和锻炼意志的目的。

3. 结合自身的实际情况，运用多种方法和措施，培养和锻炼自己的意志

每个人都有自己的特点，而每个人的意志同样具有特殊性。在培养自身良好的意志时，要注意结合自身的具体情况。例如，自己的性格如果属于优柔寡断型的话，则要注意培养大胆、果断、做事有主见的意志品质；如果自己做事拖拖拉拉、马马虎虎的话，则要注意培养自己有责任心、做事沉着稳重的品质；如果自己做事没有恒心，属于常立志而不努力这一类型，则要试着去培养自己做事时的恒心与耐心，做到

持之以恒。关于意志品质的培养有一个很好的实例。有一次，一位学生问孔子："老师，我该怎么办？"孔子回答："想好了就去办。"另一个学生问他："老师，我该怎么办？"孔子回答："你想一想，再去办。"旁边的人很困惑，为什么两个学生问的同一个问题，孔子所给出的答案却不一样。经过孔子的解释大家才明白，原来第一个学生性格迟疑不决，所以要对他进行督促；而后者却做事鲁莽，因此要他三思而后行。这也正是因材施教的典型例子。

4. 强化自我培养和训练的意识可以达到训练自己意志的目的

在辩证唯物主义思想中，事物的发展要通过内外因的共同作用来实现。类似地，当我们在训练自身的意志时，通过周边环境和实践活动逐渐形成意志是外因；而通过自身修养的不断提升，也能有效地帮助我们锻炼自身的意志品质，这是内因。内因在这一过程中发挥着主要作用。在具体实践中体现为：当我们需要做出某项决定时，要充分考虑到主、客观因素，不能顾此失彼；而一旦我们做出某项决定后，就要善始善终，不轻易动摇自己的决心和信心，要做到坚持坚持再坚持！如果意志薄弱，中途放弃，则将功亏一篑，难以培养和锻炼良好的意志品质。

5. 通过倾注心血在那些自己没有兴趣，但具有某些意义的事情上来培养、锻炼意志

兴趣也不是与生俱来的，人们要通过意志的支配和驱使来建立和培养真正的兴趣。当我们面对那种枯燥无味的知识或内容时，是很难对它立即产生兴趣的。在这种情况下，意志就必须在这场心理斗争中占据主导地位，必须让那种不想学的不良心理处于下风。试着去接近、接触那些枯燥的内容，即便没有兴趣，也要像攀登高峰那样把它攻克。在这一过程中自己的毅力和意志自然就会受到检验，自信心也会增强。这种强制性地培养兴趣在学习中尤其重要，因为一个人不可能对所有科目都具有浓厚的兴趣，总是有所侧重。因此，我们只有发挥意志和毅力的强大作用，去逐个击破它们，才能使之成为自己能力系统的一部分。

6. 建立良好的自我评估体系，善于批评与自我批评

每个人都应该清醒地认识自己的优势和劣势，真正做到发现自己、了解自己。如果只是去关注别人身上微不足道的缺点，而忽视了自己身上也具有同样甚至更严重的缺点时，就不能准确地认清自己，不能及时查缺补漏，十分不利于自己的成长和发展。我们可以通过积极开展批评与自我批评，听听别人对自己的意见与建议来自我检查、自我评价、自我改正、自我完善。我们要摒弃那些不利于自身健康发展的薄弱的

意志品质，对自己高标准、严要求，不断磨炼自己的意志品质，从而使自己的意志更加顽强，品质更加坚定。

7. 以人为鉴、以史为鉴，培养和锻炼自己良好的意志

那些伟大人物、杰出人士、英雄模范身上往往都具备奉献精神和坚韧的精神品质等闪光点。他们的成功往往是以出色的意志力作为强大的后盾——他们的意志力会使他们自身形成强大的吸引力和感染力，从而促使他们前进。我们要以这些典型事例为榜样，借鉴他们的人生经验，牢记他们的警句格言，不断鞭策自己前进，从而形成顽强的意志力。例如，孔繁森的奉献精神，就一直在激励着一代又一代的青年才俊，为建设祖国的落后地区奉献自己的力量。

8. 在学习和生活中适当地"自讨苦吃"，自我磨炼，锻炼意志

古谚教导我们要居安思危，顺境思苦。一般而言，当人处于顺利的学习、生活或是工作环境时很容易放松对意志力的培养，比如在一段时期之内，在学习上或是工作上未遇到挑战，就会觉得无所事事，精神就容易懈怠。这个时候我们可以向自己发起挑战，困难的题目和艰巨的任务可以激发我们潜在的斗志，而在迎接挑战的过程中，我们的意志品质就在不断地经受磨炼。因此，这种方式可谓大有裨益。

第五节　魔障之五　能商 —— 自认能量达不到
魔力之五　对策 —— 潜能无限

一个人解决实际生活中的问题时所发挥出来的能量系数叫作能商。能商是一个可变的商数，随着时间的推移、学习的进步、实践的增加和磨砺的积累，能商都会获得或多或少的提高。

作为学习中一项重要的非智力因素，能商所占的比重为 10% 左右。它建立在心商的基础之上，与智商、情商、意商相互平行。能商和其他因素一样，可以通过训练获得大幅提高。它是可塑性最强、最为活跃的一种因素。

人类大脑的重量平均为 1300~1400 克，大脑约拥有 140 亿个脑细胞。有趣的是，婴儿的脑细胞与成人的脑细胞在数量上大致相当，细胞特性差异也不大。但是，随着年龄的增长，脑细胞之间的联结在不断增加，胶质细胞也在不断增加。因此，大脑体积不断增大，突触的数量不断增多，细胞之间的交流也更为频繁，学习和记忆的能力

自然就会越来越强。

作为神经回路的一部分，神经联结既受遗传因素的影响，又受环境因素的影响。由上可知，先天的脑细胞数量并没有太大的差别，主要是后天的"人为"因素会带来巨大差异。实际上，那些杰出人物的大脑与普通人的大脑在构造、形状、重量上并没有太大的区别，差距主要是由于对大脑的开发程度不同而造成的。

一般人通常只使用了大脑能力的 5%~10%，大部分的能力还尚待开发。非常可惜的是，人类对右脑功能的开发还非常有限，造成了脑力的大量浪费。现代脑科学和心理学的发展，将给右脑的开发带来质的飞跃。

大脑通过从客观事件，也就是实际学习中接受良性刺激，不断产生新的思维和想法。只要能为大脑创造良好的运转环境，神经元就可以不断再生，大脑就会变得更加聪明、敏捷。

如果一个人有很强的学习能力，掌握了很多知识，那么当他学习更高级、更复杂的知识时，所面临的困难就会小一些，自我提升的空间会更大。一个人的知识储备越丰富，说明他的记忆能力越强，这是一种良性循环。但是，前提是大脑要经常接受充分、良好的刺激，使大脑皮层神经元的突触的增加都处在一种良好的运行状态中。

一、大脑潜能无限

大脑皮层厚 1.3~4.5 毫米，神经细胞中间的联系部分形成突触。如果把负责传递信息的树突和轴突连接在一起的话，长度十分惊人，大约相当于从地球到月球距离的 4 倍多！大脑中的神经网络体系大部分是由神经细胞组成，其中每一个细胞都能存储大量的信息，这使得大脑能够存储的信息量大约为 1000 万亿单位，相当于全世界最大的图书馆——美国国家图书馆的 1000 多万册藏书所包含信息量的 50 倍。进行一个简单的换算你就能发现：大脑可以存储 5 亿册图书的知识，即使我们一天读一本书，那也要 136 万年才能把我们的大脑装满，可见大脑的潜能是无限的，只不过需要我们去开发。而开发大脑潜能，我们可以从以下几个方面入手。

1. 挖掘大脑右半球的潜力

科学研究表明：人类的大脑分为左、右两个部分，也就是左脑和右脑，左脑控制人体右半身的神经，而右脑控制人体左半身的神经。左脑和右脑分工不尽相同，分别发挥不同的作用，所以我们要学会协调两个大脑半球，才能将整个大脑的功能发挥得更好。右脑主要是作为表象储存系统，用来存储音乐、图画和运动等形象在内的信息。左脑主要是负责语言和数学的信息处理，定义、概念和逻辑规律等抽象信息的处理都是由左脑来完成的。人们在学校里接受的主要是传统方式的教育，以做题为主，这些练习的内容大部分是依靠左脑的功能，而忽略了右脑功能的开发，造成人们的右脑处于闲置和浪费的状态。

通过参加一些体育活动、欣赏音乐等，可以加强右脑的训练和使用。我们可以采取灵活的方式来学习，这样一来，生活丰富起来的同时也能让大脑获得充分地运用，这是调动大脑潜能的有效手段。中外许多科学家都是有效使用左右大脑功能、开发大脑潜能的高手。例如，著名物理学家爱因斯坦，除在科学上取得伟大的成就外，他还有另一个身份——小提琴手，演奏水平甚至达到了可以开独奏音乐会的程度。无独有偶，我国著名杂交水稻专家袁隆平演奏小提琴的水平也很高。"导弹之父"钱学森在科学上取得了有目共睹的伟大成就，同时他对音乐的研究造诣也很深，他的夫人蒋英是一名资深音乐家，因此他在音乐上有很高的欣赏水平。钱学森坦言，音乐对他进行科学研究有很重要的影响："我的爱人蒋英是女高音歌唱家，而且专门唱最深刻的德国古典艺术歌曲。正是她给我介绍了这些音乐艺术作品，使我丰富了对世界的认识，学会了对艺术的欣赏，由此我才得以避开死心眼、避开机械唯物论，想问题的时候才能宽一点儿、活一点儿，所以在这一点上，我要感谢我的爱人蒋英同志。"

2. 加强左右脑之间的相互协调与沟通

在具体的学习过程中，知识以听觉和视觉的形式进入大脑，视觉器官输入形象信息，听觉器官输入语言信息。此外，触觉器官、嗅觉器官等感觉器官也可以帮助我们获得信息，有效地建立自己的知识结构体系。这正是为什么有人提倡在学习中要做到"五动"：眼动、耳动、手动、口动和脑动。让这些器官相互协调、积极配合地开发大脑，以便大脑皮层中的视觉、听觉、语言、书写和运动等神经系统能够有机联系和协调一致，充分发挥两个半球的潜能，帮助我们有效地学习。

3. 注重开发大脑中额叶的作用，充分开发大脑的潜能

学习不仅仅是为了理解知识、记忆知识、掌握知识，更是为从事更为复杂的智力活动做准备，比如进行发明创造等高级智力活动。大脑皮层中的额叶与这些高级智力活动有着密切联系。额叶占大脑皮层约 1/3 的比例，它的功能最高级，可是发育却最缓慢。它对我们进行创造性思维和创造性劳动有重要的价值，具有巨大的创造性潜力，如果把它利用到学习中的话，会让我们的大脑更聪明，让我们的智力更上一层

楼。如果我们仅仅只是死记硬背知识，没有发挥创造力展开创造性学习的话，就没有发挥出大脑中额叶的作用，浪费了巨大的潜能。

二、开发右脑

想要开发大脑潜能，我们可以着重开发和拓展右脑的功能。如果我们注意在直觉、形象、节奏、联想、想象、空间和色彩等方面加以训练，一定会取得良好的效果。只要有心，任何时候开始这种训练都不晚。

具体来说，我们可以从以下几个方面进行开发。

1. 加强左侧肢体的运动

人类的右脑控制着左侧肢体的许多器官，如果能够加强左侧器官的运动功能的话，就会对右脑形成一种良性刺激。一般来说，人类经常用右手写字、打球、切菜、画画、提东西，用右脚踢足球等。但实际上，如果能够交替使用左右两侧肢体进行各种活动的话，大脑的使用就可以得到平衡和协调，从而使人类的右脑得到很好的开发。

2. 可以采用艺术手法来开发右脑的功能

在许许多多的艺术手法中，听音乐是比较有效且简单易行的方法。我们可以边听音乐边学习，边听音乐边画画，在听音乐的过程中尽情发挥自己的想象。通过欣赏歌曲、舞蹈、乐器演奏等方式来加强乐感，可以促进大脑中的形象思维。我们还可以进行拼图、折纸、剪纸等手工方面的练习。对于想以艺术为职业的人来说，开发右脑可以促进整个大脑更加灵活聪明，也更有利于他们的学习和艺术创造。

3. 采用"放电影"的方式促进右脑的开发

学习结束以后，走在路上或是躺在床上的时候，都可以在脑海中"放电影"，把所学的东西，尤其是重点知识在脑海里重新过一遍。这种"放电影"的方式主要需要右脑来进行。只要像这样经常使用右脑，就可以锻炼右脑的功能。这里有个例子能很好地说明这个问题。一个平时在同学眼里优哉游哉的同学，当别人在教室里、图书馆里学习的时候，他却躺在床上发呆，从没有见过他点灯熬油地学习。大家都认为他游手好闲，但是他的考试成绩总是很不错，这让人很是困惑。当别人问起他轻松学习的秘诀时，他也秘而不宣。后来，别人才知道他若无其事地躺在床上"发呆"的时候，其实是在脑海里不停地"放电影"呢！

三、抓住机遇，决不放弃

在现实生活中，人所能遇到的重要机遇是有限的。要想在人才济济的社会中脱颖而出，就必须要紧紧抓住机遇，不要让机遇白白地从我们的手中溜走。机遇常常是伴随着各种各样复杂的现象出现，而不仅仅是显露出成功、财富和荣耀的光环。要想抓住机遇，我们需要做许多工作。否则，机遇就像会时间一样，从我们的指缝间悄悄溜走。

事实上，发现和抓住机遇本身就是对一个人自身能力和技巧的挑战，是一个人智慧的体现。也许这个过程很艰难也很复杂，但我们仍要鼓足勇气，始终对自己充满信心，以抓住机遇为目标，尽一切可能去争取。所以，我们要时时留意自己学习、生活和思考中的各个场景，因为机遇可能就蕴藏在它们中间。

就昨天、今天、明天而言，我们既不能忘记昨天，也不能忽视明天，但是最看重的应该是今天。我们只有把今天的机遇牢牢地把握在手中，加上不断地努力，才能把机遇转化为成就，超越自己，最终成为人生的赢家。我们在平时要试着不断去开阔自己的视野，勇敢地迎接生活带给我们的各种挑战，相信自己的能力可以让自己笑到最后。即使机遇暂时没有降临到我们的头上，我们也要时刻保持积极的心态，用充满能量的激情去寻找机遇，而不要身处机遇中却不自知，甚至不屑一顾，白白失去机遇。

四、不要相信命运，要相信自己

把自己的命运托付出去，并不是什么虔诚的表现，而是无知和无能的表现，是一种对自己的嘲弄与否定。我们要敢于抗争、敢于向命运发起挑战，要相信自己，不要相信命运。我们要摆脱听天由命的思想，勇敢地为自己创造美好的未来。

我们要学会不断地进行自我激励，不断地增加自己的知识储备量，提高自己的综合素质。更重要的是，我们在思想和情绪方面要相信自己、鼓励自己。即使是在人生最不如意的时候，我们也要相信自己是有能力的，暂时的低谷并不能说明什么问题，要具备克服困境、逆袭成功的信心。

现实生活中最大的乐趣莫过于能够充分展示自己的能力，在学习和事业上取得成功。这就像农民通过一年辛勤的劳动，在金灿灿的秋天里大获丰收一样，满足来自收获。如果一个人在现实生活中一事无成，毫无疑问，他的人生是失败的、悲哀的。学习也是如此，如果一个人在学习上取得了进步和成绩的话，那种发自内心的自豪感和满足感可以说是世界上最美妙的感受。

　　人的能力没有上限，只要有机会得到充分的展示，就会带来令人惊讶的结果。法国伟大的军事家、政治家拿破仑曾经站在阿尔卑斯山上宣告："我比阿尔卑斯山还要高。"拿破仑之所以发出如此豪言壮语，是因为他的背后有勇敢的战士和处于鼎盛时期的法国国力作为支持。所以他才会有那种打败对手的勇气，才会有那种征服世界的疯狂计划。

　　一个人的能力随时可能得到提高，既要相信自己的能力，也要付诸实际行动，而不是停留在空想阶段。正如培根所说："人的思考取决于动机，语言取决于知识，而他们的行动，则多半取决于他们的习惯。"因此，我们需要把对自身能力的自信转变为实际行动中的习惯，让习惯推动我们不断向前。我们要始终对自己有信心，相信自己不会被困难打败，并努力从自我陶醉、自我满足和不可一世中走出来，为自己的人生开创出一片无比美好的新天地。

附录

附录一

一、学习学十大要素

1. 中西合璧

中外读书学习方法精华的超级组合，既反映东西方的科研成果，又符合中国学生的实际需要。

2. 科学前沿

脑能与潜能的探究与激发，一定程度上反映出世界脑科学研究领域的尖端技术和前沿水平。

3. 体系完备

脑能、阅读、记忆、上课、作业、写作、自学及考试八大子系统形成一个完整的母系统，掌握并实施这个强力体系，就能在战术上成为考场赢家，在战略上成为英才。

4. 策略智慧

指导性强，即如何学得更好、更快、更有效、更快乐、更策略、更智慧。

5. 快速高效

操作简单，易于掌握。运用于读书与学习，成效凸显。

6. 强化实战

考战技术适用于各种考试，把握考场主动，赢得考试成功。虽然它不能直接进攻考题，但能让人拥有巨大的挑战实力，彻底征服考题。

7. 普及实用

极具兼容性，适合初中、高中、中专、中技、大专及大学等学生及家长，社会各阶层读书学习人士均可使用。在教师和家长的指导下，小学生同样也可以很好地有效使用。

8. 深入浅出

理论研究普及化，抽象内容形象化，学术问题大众化，具体内容条理化。"四"

化处理，通俗易懂。

9. 胜任快乐

知识密集，容量大，信息多，导致学习压力大，只有胜任才能快乐；只有赢得竞争，方能拥有把握人生的快乐。

10. 出奇制胜

学习学的全脑开发等十大方略、技术是针对素质教育与应试教育的双轨成功对接。尤其是全脑学习特训，可以有效地提高成绩，在读书学习中持续发挥强大的功能。

二、全脑学习学黄金法则

所有的学习都是为了应用。如果想要学习成果得到有效的应用，就要遵循一定的实践规律。为此，我们提出了十大黄金法则。

全脑学习学的十大黄金法则，就是学习各门课程与各种知识的法则。全脑学习学是针对各类学习而发展出来的学习方法与策略，其根本目的是为学习服务。

1. 坚定信念

信念与信心是学习扎实进行，并获得好成绩的重要保障。一个人对学习充满信心，有着必胜的信念，就能调动一切积极因素参与学习，从而实现理想的目标。

2. 实施策划

我们必须清醒地认识到策划学习的重要性与必要性。策划是指制订目标计划、选择学习方略、安排学习时间等，真正做到心中有数。在学习时，我们一定要制订合理的计划，然后不折不扣地实施计划。

3. 倾注热情

调动自己的兴趣与热情，是学习的重要手段。对学习抱有极大的兴趣，就会产生极大的热情。热情与兴趣是获得进步的不竭动力。

4. 学以致用

学习任何知识都是为了运用，不管是运用于实际生活，还是在学习中分析问题、解决问题。这是学习的出发点与最终归宿，也是其自身规律所决定的。学习的好坏，都要通过检验。学习方略只有在实践中加以运用，尤其是运用到自己的学习中去，才能发挥应有的作用。决不能学了方略而不用，那样还不如不学。学以致用是学习的最高准则。

5. 把握规律

记住水滴石穿的道理，任何好的学习方略，都要持之以恒地加以运用。学习永远不可能一蹴而就，而是要坚持不懈、百折不挠。我们要在长期的积累与实践中，不断精进，走向成功。

6. 良性互动

学习超能学习方略，并将这些方略运用到学习中去，注意交叉、轮流使用，让它们与学习内容展开良性互动。特别是针对不同的学习内容，要采取不同的学习方略，有的放矢，效果会更为显著。

7. 整体素质

全脑学习学适合于学习各种课程与专业，并不局限于某些学科。掌握全脑学习学后，要用好、用足，让它充分发挥作用。当这些方略在日常学习中得到广泛运用后，会对学习者整体水平与素质的提高产生积极而深远的影响。

8. 从善如流

学习虽然是个体的实践行为，但人是生活在社会中。学习任何内容都要心胸豁达，善于听取他人的意见，积极与人交流，实现共同提高，而不能目中无人，故步自封。

9. 熟能生巧

要经常使用全脑学习学，达到熟练的程度，让它们变成自己知识结构的重要组成部分。只有灵活运用，随机应变，才能得心应手，使自己的学习与思维能力进入融会贯通的理想境界。

10. 创造机遇

善于学习，就要善于发现与抓住机遇，让自己在利用机遇的过程中得到提高。善于创造机遇的人，毫无疑问是善于学习的高手。

三、全脑学习学孵化器

全脑学习学孵化器是根据实际学习需要而设计的，看似简单，但行之有效。孵化器主要以具体的运用和操作来增强认识和了解，可以直接提高学习效力。它最实际，也最需要毅力、耐力和决心——是成功的保证。

凡事重在实践，如果光想不动，则万事成空。无论一个人的天资怎样，通过这一部分的严格训练，都可以充满自信地站在起跑线上。

这样的严格训练，可以使我们一举三得：

一为技术——掌握方法与技巧并加以运用；

二为习惯——形成条件反射，产生学习的惯性；

三为便利——不增加任何学习负担。

全脑学习学孵化器日程计划表

项目序号	年　月　日	星期：	天气：	第　星期
	学习内容	结合课程	心得体会	
1				
2				
3				
4				
5				
6				
7				
8				
9				
备注	学员在自己的课本中找到需要学习的内容，使用孵化器加以练习，做到熟能生巧、灵活运用			

附录二

表 1 学习心理测评表

序号	心理状况	强极	中极	次极	弱极
1	学习态度积极				
2	习惯学校生活				
3	乐于课间活动				
4	认真核对功课				
5	解题信心大小				
6	英语使用能力				
7	遭遇困难表现				
8	计算能力如何				
9	记忆能力如何				
10	阅读能力如何				
11	听课效果如何				
12	预习态度如何				
13	复习时间如何				
14	笔记记录如何				
15	考试临场发挥				
16	用脑程度如何				
17	作业提前完成				

序号	心理状况	强极	中极	次极	弱极
18	雨天用功表现				
19	热天用功表现				
20	冷天用功表现				
21	晚间学习效果				
22	早上学习效果				
23	上午学习效果				
24	下午学习效果				
25	对待错误态度				
26	胜利心情如何				
27	失败情绪如何				
28	考前精神状况				
29	考后精神状况				
30	文体活动兴趣				
31	学习讨论情况				
32	拜师求教心情				
33	教师不满自己				
34	同学态度冷淡				
35	学习感受如何				
36	学习计划疏密				

序号	心理状况	强极	中极	次极	弱极
37	完成任务决心				
38	家中事务影响				
39	书写熟练程度				
40	书写个性如何				
41	公益活动心态				
42	受人尊重程度				
43	精神紧张程度				
44	是否容易烦躁				
45	情绪波动不稳				
46	不满现实生活				
47	是否标新立异				
48	注重衣着程度				
49	承受悲伤程度				
50	前景信心不足				
51	心情压抑程度				
52	不满自己表现				
53	交往交谈自然				
54	自己不受欢迎				
55	重视程度如何				

序号	心理状况	强极	中极	次极	弱极
56	自控能力如何				
57	应对遭人算计				
58	反应激烈程度				
59	是否杞人忧天				
60	洁癖程度如何				
61	应对遭人非议				
62	是否喜欢争辩				
63	信任他人程度				
64	功课用力不均				
65	嫉妒他人成绩				
66	教师问题多少				
67	教师是否偏心				
68	学业负担过重				
69	同学关系不佳				
70	害怕教师提问				
71	时常担惊受怕				
72	师生关系如何				
73	考试心理负担				
74	对待他人态度				

序号	心理状况	强极	中极	次极	弱极
75	完成功课态度				
76	家庭环境不好				
77	学习兴趣如何				
78	不满班级风气				
79	自认父母偏见				
80	遇事心慌意乱				
81	精神涣散程度				
82	心理承受能力				
83	时常愤愤不平				
84	容易受人误解				
85	过度担心成绩				
86	总感他人暗算				
87	冲动忧虑交替				
88	异性相处难易				
89	攻击别人心态				
90	对待父母态度				
91	经常斗气比拼				
92	对待考试态度				
93	生活忙碌程度				

序号	心理状况	强极	中极	次极	弱极
94	是否热爱生活				
95	是否愤世嫉俗				
96	对人吹毛求疵				
97	实力决定成绩				
98	慢工能出细活				
99	时间观念如何				
100	面对测试心态				
评测	1				
	2				
	3				
	4				

注意： 此表应在教师的指导下使用。问题较多的学生需要专家或心理医生的帮助，问题较少的学生可以自我调节。通常大部分人都有一些问题，属于正常情况，但发现问题增多时，要请教心理专家，及时解决问题，以免积少成多，影响学习和生活

表 2 学习能力测评表

序号＼内容	测评内容	是	否
1	是否愿意尝试用不同的方法处理和解决问题		
2	是否喜欢尝试新的学习方式		
3	是否经常关注不断出现的新思潮		
4	是否注意培养学习力		
5	是否乐于听取对学习有经验的人士的意见		
6	是否用传统学习方式学习		
7	自己对学习的新构想的实施状况是否满意		
8	一味沿用传统学习方式是否感到索然无味		
9	是否善于总结经验教训		
10	是否乐于表达自己的学习观点		
11	是否能面对他人并非善意的批评		
12	是否乐于创造良好的学习氛围		
13	对未知是否感到恐惧或担忧		
14	是否注意激励自己的学习热情		
15	是否乐于学习其他优秀成果		
16	是否主动迎接挑战		
17	是否经常逃避困难		

序号 \ 内容	测评内容	是	否
18	是否对有创造性的贡献予以肯定		
19	是否对混乱难以接受		
20	是否担心给他人带来压力		
21	是否注重听取他人的意见		
22	是否乐于经常提出质疑		
23	是否重视以优秀生为榜样		
24	是否重视训练自己的注意力		
25	是否不重视提高自己的记忆力		
26	是否重视训练自己的思考力		
27	是否重视强化自己的听讲力		
28	是否重视训练自己的写作力		
29	是否重视提升自己的阅读力		
30	是否不重视强化自己的观察力		
31	是否重视磨炼自己的意志力		
32	是否不重视提高自己的创造力		
33	是否不重视训练自己的想象力		
34	是否重视提高自己的综合素质		
35	对自己的学习现状是否满意		

序号\内容	测评内容	是	否
36	是否不重视训练执行力		
37	是否拥有战胜困难的勇气与决心		
38	是否不重视与同学展开学习交流		
39	是否不重视培养自学能力		
40	是否不重视提高自己的考试力		
参考答案	是画√，否画 X，每对一项得 1 分 1.√ 2.X 3.√ 4.√ 5.√ 6.X 7.X 8.√ 9.√ 10.√ 11.X 12.√ 13.X 14.√ 15.√ 16.X 17.X 18.√ 19.X 20.X 21.√ 22.X 23.√ 24.√ 25.X 26.√ 27.√ 28.√ 29.√ 30.X 31.√ 32.X 33.X 34.√ 35.√ 36.X 37.√ 38.X 39.X 40.X		
结果分析	0~7 分——学习力弱		
	8~20 分——学习力中等偏弱		
	21~31 分——学习力中等偏强，但有些保守，要乐于进取		
	32~40 分——学习力很强，具有强大的竞争力		
	注意：本项测评及本书中的其他测评，结果仅供读者参考		

表 3 学习动机测评表

项目 序号	测评内容	打√选择得分			
		完全符合	基本符合	略符合	不符合
1	我在学习上不一定花太多时间也能超过别人	4	3	2	1
2	如果学业需要，我可以夜以继日	4	3	2	1
3	对喜欢与不喜欢的科目，我的态度完全相同	4	3	2	1
4	我需要他人督促才能学习	4	3	2	1
5	我不会主动去做不是教师布置的必须完成的作业	4	3	2	1
6	学习上只要有个大目标就可以，不需要分成许多小目标	4	3	2	1
7	我的时间和精力平均分配在各科学业上	4	3	2	1
8	实现我的目标并不困难	4	3	2	1
9	我经常制订目标，但往往达不到	4	3	2	1
10	我宁愿放弃许多爱好，也要提高学习成绩	4	3	2	1
11	我用在教科书上的时间不如在课外读物上的时间长	4	3	2	1
12	为了完成学习任务我总是疲于奔命，心有余而力不足	4	3	2	1
13	用最快的速度提高学习成绩是我最大的愿望	4	3	2	1
14	我为完成学习目标而狼狈不堪	4	3	2	1
15	我认为研究艰深的理论要比普通课本上的基础知识重要	4	3	2	1

项目序号	测评内容	打√选择得分			
		完全符合	基本符合	略符合	不符合
16	我总要花相当多的时间才能进入良好的学习状态	4	3	2	1
17	成绩不能一下子提高很多使我倍感失望	4	3	2	1
18	上学读书，不如有份工作好	4	3	2	1
19	学习中有不明白的地方也不用去钻研	4	3	2	1
20	一拿起书本，我就打不起精神	4	3	2	1
21	学习真的没有什么意思	4	3	2	1
22	我吃的苦头太多，还没有尝到过甜头	4	3	2	1
23	我曾努力超越他人，但总是失败，自信心受到了打击	4	3	2	1
24	我从来没有放弃努力，力争做到最好	4	3	2	1
25	我总感到我有能力赶超他人	4	3	2	1
测评	**最高 4 分，最低 1 分，请根据自己的实际情况进行选择**				
	25 分，比较正常				
	26~50 分，需要强化				
	51~75 分，亟待强化				
	76~100 分，必须强化				

表4 成就动机测评表

项目序号	测评内容	打√选择得分			
		完全符合	基本符合	略符合	不符合
1	我只有在学习获得好成绩时，才对自己有信心	4	3	2	1
2	我一定会比他人更出色	4	3	2	1
3	学习是一切事情中的重中之重	4	3	2	1
4	我从来没有满意过自己的成绩	4	3	2	1
5	我要是当领导，一定会比下级能干	4	3	2	1
6	他人对我成绩的态度，对我影响很大	4	3	2	1
7	每攻克一处难点，我的自信心就上升一大截	4	3	2	1
8	我对伟人无比崇敬	4	3	2	1
9	成功的喜悦让我心醉	4	3	2	1
10	我会在竞争中脱颖而出	4	3	2	1
11	他人不如我，如果输给他，我心中会咽不下这口气	4	3	2	1
12	我总是追求完美	4	3	2	1
13	业余时间里，我也会自觉主动地勤奋努力学习	4	3	2	1
14	我觉得娱乐总是比学习好	4	3	2	1
15	我总是照着预计目标推进	4	3	2	1
16	我总希望能够鹤立鸡群	4	3	2	1

项目 序号	测评内容	打√选择得分			
		完全符合	基本符合	略符合	不符合
17	我为自己的能力和水平感到不安	4	3	2	1
18	我喜欢迎接挑战而不是安于现状	4	3	2	1
19	我认为无所事事的人是卑微的	4	3	2	1
20	我乐于接受他人的指正	4	3	2	1
21	我总是在寻找学习的突破口	4	3	2	1
22	我能在比学赶帮超中获得乐趣	4	3	2	1
23	我对那些引起人们关注的事情不太上心	4	3	2	1
24	我总想在集体中成为佼佼者	4	3	2	1
25	我总希望自己能为他人做些什么	4	3	2	1
测评	**最高 4 分，最低 1 分，请根据自己的实际情况进行选择**				
	25 分，严重不足				
	26~50 分，稍有不足				
	51~75 分，比较充足				
	76~100 分，非常充足				

表5 竞赛素质测评表

序号	测评内容	打√选择得分			
		完全符合	基本符合	略符合	不符合
1	我做事奉行顺其自然的原则	4	3	2	1
2	我总是愿意对自我进行各种测试	4	3	2	1
3	我愿意在学习气氛浓厚的地方学习	4	3	2	1
4	我不太在意运动竞赛的结果，重在参与	4	3	2	1
5	我不太希望和比我强的人待在一起	4	3	2	1
6	我看中的是做好分内事	4	3	2	1
7	我看到别人有好东西，总想超过他	4	3	2	1
8	只要能受到赞赏，再苦再累的事我都愿意去做	4	3	2	1
9	我的穿着打扮就是要超越其他人	4	3	2	1
10	我不和获得成功的人士比	4	3	2	1
11	我不嫉妒优秀的同学，但我要努力赶超他	4	3	2	1
12	我情愿做些他人不愿做的事，只要自己认为有价值	4	3	2	1
13	我不在意开头如何，只在意结果	4	3	2	1
14	我的成功与否靠的是自己的判断	4	3	2	1
15	我不喜欢消极处世的人生观	4	3	2	1

序号 \ 项目	测评内容	打√选择得分			
		完全符合	基本符合	略符合	不符合
16	我并不把逞一时之能当成主要任务	4	3	2	1
17	我特别希望同大家喜欢的出类拔萃的异性朋友相处	4	3	2	1
18	我平时用的东西非常棒	4	3	2	1
19	我不喜欢打肿脸充胖子的人	4	3	2	1
20	我在别人面前总想掩饰不足	4	3	2	1
21	我不想花太多时间和气力去争夺桂冠	4	3	2	1
22	我不喜欢团体合作，因为难以肯定自己的成果	4	3	2	1
23	我总想不鸣则已，一鸣惊人	4	3	2	1
24	我要是在众人面前丢了面子，会懊丧很长时间	4	3	2	1
25	我心中对自己很满意	4	3	2	1
测评	**最高 4 分，最低 1 分，请根据自己的实际情况进行选择**				
	50 分及以下，太弱，必须调整				
	51~75 分，偏弱，最好调整				
	76~95 分，最佳状态				
	95 分以上，过强，最好调整				

表6 考试焦虑测评表

第1组	
1	直到动手答题之前，我还希望再有时间复习
2	担心考不好，既影响我准备考试，又影响我考试时精力集中
3	临近考试，我还不能确定自己是否有把握
4	我对搞突然袭击考试的老师有恐惧感
5	我对考试的准备向来都不满意
6	我担心考试，不想做准备，这让我更加担心
测评	如本组的全部或大部分都符合，表明自己对考试的准备结果心中没有底
第2组	
7	即将走向考场，我觉得自己无能为力
8	如果考试可以用写文章、写论文代替，我会更放松
9	我觉得考试时大家都很紧张，阅卷老师最好能了解这种情况
10	要是不考试的话，我学得会比现在好
11	考试场合气氛凝重，加剧了我的紧张感
12	要公布考试成绩时，我会更加紧张
测评	如本组的全部或大部分都符合，表明你的考试焦虑处于正常值之内
第3组	
13	在我知道自己的成绩之前，我想知道其他考生的成绩
14	我考砸了，别人会认为我能力不够

15	我的成绩差，我的那些"对手"会幸灾乐祸
16	我考不好，爸爸妈妈会失望
17	亲朋好友们期待着我考场获胜
18	如没考好，朋友会对我感到失望
19	考得不好，尽管自己可以释怀，可还是会影响别人对我的看法
20	考得不好，我不愿对任何人讲起我的成绩
测评	如本组的全部或大部分都符合，表明你疑惧考试成绩会让别人对自己的评价降低
第4组	
21	我考试时过于紧张，注意力大受影响
22	平时记得很清楚的内容，在考试紧张时不知忘到哪儿去了
23	有时我投入很多精力做某题，却越做越糊涂
24	如果主考官在身边，我会无法答题
25	考过后我总会后悔，认为自己本可以考得不错
26	答题过程中，我的脑海里总会出现乱七八糟的想法
27	越是重要的考试，我的大脑越不能正常发挥
28	要是没有人监督我，我能发挥得更好一些
29	大考时会突然想到某些不愉快的事情，让我几乎不能往下进行
30	我对考试中周围出现的各种声音感到厌烦
测评	如本组的全部或大部分都符合，表明过度焦虑已对你应对考试产生了不良影响

	第5组
31	我在考试中不但大脑紧张，身体有的地方也紧绷着
32	考试太重要了，我紧张得饭都吃不下去
33	我感到浑身不自在，不舒服
34	我在重大考试中几乎要崩溃
35	我在考试中会紧张得颤抖
36	我无论如何都放松不下来
37	我在重要考试之前都休息不好
测评	如本组的全部或大部分都符合，表明考试焦虑已经给你的身体带来了消极影响

	第6组
38	我总是觉得别人比我强
39	走进考场，我没有挑战的勇气
40	我认为考试其实并不能反映出一个人的水平和能力
41	成绩上不去，不仅别人看低我，我也会看低自己
42	一次考得不理想，我就会对自己的能力产生怀疑
43	要是能够注意力集中地考试，我会比许多人考得都好
44	一次考好了，并不会为我战胜其他考试增加自信
测评	如本组全部或大部分都符合，表明你担心考试会给自己的形象带来消极影响

第7组	
45	我希望自己不用考试就能被重视
46	我担心考试结果对自己的前途产生不良影响
47	要是不参加考试我就能成功该多好啊
48	我的考试成绩对未来太重要了
49	我的自信让考试给摧毁了
50	成绩优良的人会在以后的社会生活中更有作为
测评	如本组全部或大部分都符合，表明你对考试成绩对未来的影响顾虑重重
备注	1. 如果应考者希望了解自己的考试焦虑度，可以对上面的 50 个问题进行选择，符合打√，不符合打 Ｘ，统计对照测评就一目了然了 2. 如果通过测评，发现自己有较严重的考试焦虑，就要适当地加以调整，以便缓解。严重者可请专业人士或心理医生帮助

表 7 自信水准测评表

序号	测评内容	打 √ 选择得分				
		完全相符	略相符	一般	略不相符	完全不相符
1	我总觉得自己做什么都比其他人难	4	3	2	1	0
2	我总感到危机四伏	4	3	2	1	0
3	我希望了解他人究竟怎样看待我	4	3	2	1	0
4	我希望提高别人对自己的好感	4	3	2	1	0
5	要是别人能更多地帮助我就好了	4	3	2	1	0
6	到处都是陷阱	4	3	2	1	0
7	我总是心高气傲	4	3	2	1	0
8	我好像是多余的人	4	3	2	1	0
9	我长得不够英俊 / 美丽	4	3	2	1	0
10	我一般不发言，除非我有十足的把握	4	3	2	1	0
11	有太多的人对我不理解	4	3	2	1	0
12	我要是能歌善舞该多好	4	3	2	1	0
13	我的前景一片迷茫	4	3	2	1	0
14	总有人会千方百计地算计我	4	3	2	1	0
15	我好像总是受人嘲笑	4	3	2	1	0
16	紧张时时伴随着我	4	3	2	1	0

序号	测评内容	打√选择得分				
		完全相符	略相符	一般	略不相符	完全不相符
17	总有许多人和我意见不同	4	3	2	1	0
18	我不想和陌生人说话	4	3	2	1	0
19	我总担心倒霉的事情发生在自己身上	4	3	2	1	0
20	不喜欢我的人太多了	4	3	2	1	0
21	我不如其他人有热情、有信心、有干劲	4	3	2	1	0
22	我时常担心这、担心那	4	3	2	1	0
23	我希望在别人面前潇洒一些	4	3	2	1	0
24	我总是过于谦卑	4	3	2	1	0
25	我总是怀疑自己做的事情到底是对还是错	4	3	2	1	0
26	我总是遭人非议	4	3	2	1	0
27	别人对我的进步并不关心	4	3	2	1	0
28	我总想让自己信心更足	4	3	2	1	0
29	我在众人面前出现时会浑身不自在	4	3	2	1	0
30	我缺少倾诉的对象	4	3	2	1	0
31	我总是会把事情搞砸	4	3	2	1	0
32	我总是感到自己很难进步	4	3	2	1	0
33	成功离我好像很远	4	3	2	1	0

测评	**请根据自己的情况选择相应的分数，把所得分数统计出来**
	74~132 分，自信心严重不足，必须调整
	49~73 分，自信心水平偏低，最好调整
	41~48 分，自信心水平正常，适当调整
	25~40 分，自信心水平较高，可以保持
	0~24 分，自信心水平最好，不卑不亢

203

表8 注意力测评表

项目 序号	测评内容	打 √ 选择 是	否
1	上课的时候心里总是感觉时间过得太慢了		
2	读书学习时，四周环境中的声音很容易影响我的注意力，使我受到很大的干扰		
3	开会时总是精力不集中，时间稍长就不耐烦了，充耳不闻，闻而不知		
4	做事没有耐心，常常不耐烦，心焦气躁，盼望早早结束		
5	听老师讲课的时候总是分心，东想西想		
6	读书学习时，难以投入，难以坚持半个小时以上		
7	与人交谈的时候，常常心猿意马，东拉西扯		
8	整晚睡觉睡不踏实，心里有事，担心这个、担心那个		
9	没有耐心等待，总是感到时间太长了，难以忍耐		
10	一件事情没做完，心里就想着另一件事情		
11	时常纠结于以前不开心的事情，耿耿于怀，不能释怀		
12	写作业的时候，总是分心，其他事情总是跑进脑海造成干扰		
13	总是觉得有许多事情要做，但是做起来又不能集中精力把一件事情做完，不能善始善终		

测评	**选"是"0分，选"否"1分。总分为13分，得分越高，注意力越强**
	0~3分，注意力差
	4~7分，注意力稍差
	8~11分，注意力较好
	12~13分，注意力很好

表9 创造能力测评表

项目 序号	测评内容	打√选择 是	否
1	不迷信权威和现有的成果，遇事总爱问为什么		
2	在学习、生活中，常有新的发现		
3	做事、观察事物和听别人说话时，总是很专心，偶尔也会因其中的细节而走神		
4	对某一项具体工作不求全面，但求有特色		
5	自己不懂的问题，心甘情愿地向他人请教		
6	从来不花很多时间去琢磨别人如何评价自己的言行		
7	认为缺乏信心和毅力会让人失去尊严		
8	幻想可以为我的学习提供帮助		
9	我在运用新方法方面很在行		
10	我很欣赏灵活、机敏的人		
11	辛苦学习的乐趣远比安逸的享受更吸引我		
12	自尊比别人的尊重更为重要		
13	当解决某一问题的原定方案不能实施时，我可以迅速提出新的方案		
14	喜欢热闹，有时又希望自己能独处		
15	学习中常常碰到一些似是而非的问题困扰自己		
16	废物利用是我生活中的一种乐趣		

备注： 选择"是"越多，代表越有创造力

表 10 全脑学习与传统学习的比较

序号	类别	传统学习	全脑学习
1	总体目标	以学会课本知识、提高考试成绩为战略目标，注重知识积累	以提高总体实力、能持续发展为战略目标，既重课本知识，也重运用
2	知识体系	完成学习任务，掌握教材内容	完成学习内容，拓展知识深度与广度
3	学习形态	刻苦用功，勤奋努力，完成学业	勤学好思，充实能量，注重实战效果
4	非智因素	对非智力因素影响学习抱着可有可无的态度，忽略核心竞争力	重视非智力因素对学习和人才成长的影响，提高核心竞争力
5	方法策略	重视解题技术技巧，养成熟练技能	侧重运用方略，强化学习能力
6	用脑原则	使用左脑，大量运用抽象思维，注重理性	平衡使用左右脑，多种思维灵活运用
7	读书方式	采用普通阅读方式和阅读速度	采用快速阅读方式，运用精品读书战略
8	记忆方式	理解内容，加技巧记忆	全脑协同，调动八个智力区域参与记忆
9	上课重点	强调听课，弄懂教师所讲内容	听课质疑，强调做好金字塔式笔记
10	速写功课	用普通速度和方式书写、做作业	讲究方法，提高书写速度，节约时间，提高单位时间效率
11	自学形式	自力更生，埋头苦干	以人（己）为本，拜师求教
12	写作状态	拟定写作要领，规范写作	在把握写作规律的基础上，尽兴发挥
13	考试态度	注重考场发挥，追求考高分	作业、复习、考试相结合，以实力取胜

序号	类别	传统学习	全脑学习
14	**学习计划**	跟着学校安排，跟着教师走	合理安排，适应教学与自学
15	**学习目的**	烂熟于心，考试制胜	顺利考试，重在创新
16	**时间安排**	遵照学校安排，完成学习任务	自我调节时间与空间，完成学习任务
17	**进步方式**	循序渐进，按部就班	在基础扎实的前提下，快速、高效推进
18	**学习方式**	"头悬梁，锥刺股"式刻苦用功	学习、运动与娱乐多头并进，快乐学习
19	**学业定位**	以书本知识为终极知识，求得完善	以书本知识为基础，不断超越，求得发展
20	**发展方向**	全面发展的合格学生——战术人才	全方位进攻型学生——战略人才
备注	1. 传统学习不是不好，而是不够好，不能全面否定，但必须要用理念先进、功能强大的学习方法、策略武装自己，迎"头"赶上		
	2. 实际上，许多优秀的学习者都或多或少地运用了全脑学习的方法，只是自己并未意识到。更多的学生都可以运用全脑学习，让自己在学习上有质的飞跃		
	3. "事必有法，然后可成。"磨刀不误砍柴工。用最短的时间掌握具有"加速器"功能的全脑学习方略，可以让自己在学习中实现突破和超越		

表 11 全脑学习特训科学量化标准

	特训内容	特训机制	神奇效果	学习目标
八大方略	**1. 全脑记忆**	学习万用表应用，八大智力参与记忆，激发巨大潜能，强效记忆各科内容	听、看一遍记住 20 个以上词语、句子、数字、字母等，可以正、倒、选背	轻松记住任何语、数、史、地、政、物、化、生科目需要记忆的内容，记忆牢固
	2. 全脑英语	英语万用表应用，八大智力参与，激发巨大潜能	1 小时 60~180 个单词，最快 5 分钟 20 个，记忆持久	轻松记住英语单词、课文，高效率记牢课本单词、文章
	3. 全脑思维	八大智力参与思维，绘制思维导图，思维能力是整个学习能力提高的平台	5 分钟内消化一篇文章，20 分钟把握一本书的精华	快速、高效地掌握所学课程的精华，简化与还原操作程序
	4. 全脑速读	八大智力参与速读，激发巨大潜能，速度制胜	精品战略，3 分钟抓住文章、5 分钟抓住图书要害	信息导弹直击要害，迅速获取学习阅读内容关键信息
	5. 全脑上课	八大智力参与上课，激发巨大潜能，彻底改变上课大眼瞪小眼的被动局面	注意力高度集中，自建数据智库，提高听课效力 5~30 倍，听后娓娓道来	金字塔精华笔记操作应用，确保上课黄金时间高效高能，学有所得，得有所据
	6. 全脑作业	八大智力参与作业，激发巨大潜能，作业力就是操作力，直接影响考试	魔力之七 + 图像定位，时间缩短、效率提高 1/3 至 5 倍以上，为考试取胜热身	出神入化运用 7 步操作程序，构建和把握完整坚实知识结构，牢固掌握，灵活解题
	7. 全脑自学	八大智力参与自学活动，富于创造性的自学活力	透过现象看本质，抓关键词，化繁为简，事半功倍	吃透教材内容，抓住要害，直入主题，做到有的放矢
	8. 全脑复习	八大智力参与整个复习过程，激活大脑潜能，全面提高复习效率	学习上运用"机制灵活的战略战术"，三位一体，双轨并行，提高数倍效率	大循环 + 小循环，温故知新，熟能生巧，强化功力，做到心中一盘棋，让学习活起来

	特训内容	特训机制	神奇效果	学习目标
两大优势	1. 全脑写作	八大智力参与写作，激发巨大潜能。写作要靠平时积累，但也完全可以通过特训引爆大脑写作灵感	全脑写作风暴：意识流（秘诀）即时见效，在深度、广度、高度等10个方面有效激发写作能力	记叙文、议论文等写作从此不用怕、不用愁，提笔就能写，立即见效，文思泉涌
	2. 全脑考试	八大智力参与考试，激发巨大潜能，决胜考场——考场就是战场，合力围攻考题，将考试进行到底	全脑考试风暴：最大限度释放攻题应用程序能量，确保超水平发挥，提高成绩5%至5倍以上不等	冷处理、热启动、路线图、鸡尾酒等全"脑"以赴，王牌出尽——易题不失，难题不放，每分必得，大获全胜
一大核心	全脑中心	智力与非智力因素融合健脑益智操、全脑成功拳	高分＋高能＝素质＋成绩 3~30倍效率根本保障	确立正负激励机制：脱胎换骨，学习力＝竞争力＝成功力

后记

我走过一个个晴天，走过一个个阴天，走过一个个雨天，走过一个个黎明，走过一个个午夜，走入人生的溪流，走入生命的海洋……

我 1983 年从南开大学毕业之后，来到北京，进入中央机关工作；5 年之后，进入清华大学学习与教书；又是 5 年之后，进入美国哈佛大学学习与研究；再之后，去往加拿大办学与讲学……

我先后教过中国的大学生、研究生，外国留学生，也从事过中小学生与成人培训教学，我发表和出版过文学作品、学术论文及人物传记等，我生活的主旋律就是教学与写作。

我在学习、教学、写作和研究的过程中意识到：要把方法放在重要位置，读书学习最重要的就是掌握好方法。科学的方法论是推动社会向前发展的强大的理论武器，而好的方法可以使学习事半功倍。没有方法，则如同盲人骑瞎马。

另外，在国外学习、教学、研究交流的过程中，我发现美国、加拿大等西方国家非常重视对读书学习与大脑潜能的开发和运用。我国正在与国际接轨，所谓"接轨"，一定要在学习和智力开发上先接轨，而不能只是表面上的接轨。我国与外国国情、文化不同，各有所长，正好可以取长补短，相得益彰。

种种思绪一直萦绕在我的心头，而孔子为民间大众服务的精神，也一直强烈地激励着我走出高楼深院，尽自己微薄的力量帮助有需要的人们，这也是我创立学习学体系的直接原因。

因能力和时间所困，错讹之处，不在少数。愧且有憾，负荆三省，自当敬秉雅教。与其歉而疚之，何如修而行之？！我的电子邮箱正恭候您：1270616926@qq.com。

敬谢我的祖国以及生我、养我、教导我的父母，诚谢一路走来的所有恩师、亲人、朋友、同学、学生、读者……深谢哈佛大学吉尔教授伊丽莎白主任，多元智能创造者霍华德·加德纳教授，情商理论的创始人丹尼尔·戈尔曼博士，诺贝尔文学奖获得者谢默斯·希尼教授，诺贝尔化学奖获得者李远哲教授，清华大学校长教学顾问、博导朱育和教授，北京大学、清华大学两校博导刘桂生教授，南开大学郭剑林教授，北京民族医院院长、中国民族医药学会副会长兼秘书长黄福开教授，以及给予本书很多帮助的生物学博士张枫、王东、王飞飞、梁翔翔、郭健、王丛然、王子浩、王从容……诸君与中国科学技术出版社胡萍副总编及各位编辑！

王华斌

哈佛大学哈佛园初稿

清华大学科技园改稿

全脑学习研究室定稿